Corruptocracia

NORMA ESTELA FERREYRA

Año del copyright 2008-ISBN 978-0 -557-30345-8

Dedico este libro, a quienes

saben distinguir lo verdadero

de lo falso.

INTRODUCCION

A veces, el significado de una sola palabra no alcanza para abarcar un concepto. Principalmente, cuando éste requiere de un análisis histórico- filosófico.

Si observamos los acontecimientos de la historia, veremos que desde el hombre primitivo hasta hoy, la política se ha vuelto cada vez más compleja y contradictoria, hasta casi diría, incomprensible.

Y esto ocurre, porque cada concepto corresponde a una realidad determinada, pero cuando ésta cambia con el tiempo, el concepto permanece inmóvil. Así, aplicamos los mismos términos a realidades o situaciones que nada tiene que ver con los conceptos de origen.

Esa desconexión entre el concepto y la realidad, es decir, entre lo que deberían ser y lo que en realidad son las cosas, me llevó a realizar este ensayo, donde trataré de simplificar a la política, empleando un lenguaje simple, común y sin tecnicismos, basándome en la observación de los hechos históricos y en las transformaciones que cada una de las instituciones ha sufrido a través del tiempo.

Cuando hablamos de política, suelen usarse palabras compuestas, donde se unen dos o más términos. Por Ej.:pseudo-democracia, neoliberal, plutocracia, etc.

La palabra corruptocracia, reúne a dos conceptos, el término "corrupto" que significa alterado o enviciado y "cracia", que proviene del griego "krátos" y que significa autoridad.

Dicho de otro modo, corruptocracia, significa alterar o enviciar la naturaleza del gobierno.

De modo que me referiré a la alteración de la república democrática, tal como la conocemos en la última parte del siglo XX, por ser ésta, tan venerada en América y Europa, como el modelo más perfecto de la política, aunque en la actualidad, estos conceptos han escapado de su significado etimológico y se han transformado en una forma de Estado.

Pero vayamos por parte y analicemos primero: ¿Qué es la política?

Si vamos a su definición, veremos que "es el arte de gobernar un Estado o el modo de dirigirlo". Pero decir esto, ya provoca la primera reacción de quienes entienden que la palabra arte, no es apropiada para definirla y prefieren decir que es una ciencia.

Pero para saber si esto es cierto, iremos al concepto de ciencia. Y su definición dice que es "un conjunto de conocimientos organizados de acuerdo a ciertas leyes". Mientras que la definición de arte, dice que "es la aplicación de nuestra razón, en la realización de un objeto real o de una idea, un juicio o una opinión".

Y entonces podemos deducir que todo arte se basa en la ciencia y la supera, ya que requiere del aporte creativo de la inteligencia para lograr la obra final, ya sea que se trate de la confección de un objeto, de una idea o de un juicio.

Asimismo, todos sabemos que con voluntad y estudio, podemos llegar a ser un científico, pero eso no es suficiente para ser un artista, pues se requiere de algo más que, precisamente, no está en los libros, ni en las universidades, ni en laboratorios y es la creatividad.

Pero no nos preocupemos por esas definiciones,

porque en realidad, la política no parece ser ninguna de las dos cosas, sino más bien, un sistema de poder, entendido como un sistema de dominio.

Y aunque esta relación con el poder haya existido siempre, esto no ha sido tenido en cuenta en el significado de la palabra.

Y en todo caso, nada tiene que ver ni con la ciencia ni con el arte, especialmente, cuando hoy el poder se ha convertido en un fin en sí mismo.

Cualquier persona, puede darse cuenta de que las definiciones, no pueden abarcar la variedad de ideas que se nos vienen a la mente, cuando escuchamos la palabra política. Comenzando con la idea de que es algo inservible y llena de corrupción, que generalmente se ejerce por personas que se venden al mejor postor. Pero esta idea, no salió del estricto significado de la palabra, sino más bien, surgió como consecuencia de las vivencias o experiencias de quienes consideramos a la política, como algo poco serio, que no le soluciona los problemas a la gente y muchas veces, hasta es la causa de su miseria económica y cultural.

Es que el significado de la palabra política, se ha distorsionado mucho y se ha vuelto confuso, a pesar de que debería ser entendido por todos, porque su ejercicio surgió del razonamiento del hombre común.

Por eso, para comprender exactamente lo que significa el vocablo, no vamos a recurrir a libros, periódicos, ni a cátedras sobre la materia, porque su concepto está dentro de nuestra propia mente. Y sólo ella, a través de la razón nos conducirá a la verdad, según lo que se puede deducir de los hechos históricos y de la propia experiencia.

Y entonces nos daremos cuenta, de que los temas políticos, no son difíciles de comprender sino que hay muchos interesados en confundirnos, para sacar provecho de la confusión.

ORIGENES DE LAS FORMAS DE GOBIERNO Y DE LAS ORGANIZACIONES SOCIALES

Nada mejor que comenzar desde el principio de la historia, cuando los primeros hombres comenzaban a relacionarse entre si.

Imaginemos a esos seres primitivos, refugiándose en cavernas, porque se sentían indefensos ante la indomable naturaleza. Cerremos nuestros ojos y pensemos en esa época tan difícil, donde el hombre debía sobrevivir a las adversidades.

Sin dudas, que necesitaba agruparse para defenderse, porque su cuerpo era débil frente a algunos animales.

¿Pero cómo serían esas relaciones, sabiendo que los hombres primitivos, como cualquiera de nosotros, tenían que emplear su inteligencia para sobrevivir?

Evidentemente, que mientras más numeroso era el grupo, el individuo se sentía más seguro.

Pero de ninguna manera, podemos pensar que el grupo estaba formado por una o dos familias o por un hombre y una mujer con su prole.

En los primeros tiempos, ellos no sabían lo que era una familia, ni cómo se formaban los hijos. Simplemente, los veían nacer como ocurría con cualquier otro animal y hasta hubiera sido lógico que pensaran que el padre no intervenía en ese evento, porque las relaciones sexuales se daban en el grupo, sin formar parejas, es decir, que eran polígamos y respondían a instintos. La ignorancia de ese proceso celular entre el espermatozoide y el óvulo, duró mucho tiempo.

Recordemos que los antiguos romanos, aún cuando ya conocían que había dos progenitores de distinto sexo, todavía aseguraban aquello de "madre cierta, padre incierto".

Pero los primeros grupos sociales, no tenían sentido de pertenencia sobre los hijos, sino que todos se encargaban de criarlos en esa comunidad, donde cada uno cumplía una misión.

Simplemente, había mujeres, niños y hombres. Y la fuerza física, era la virtud más valorada en esa primitiva sociedad, donde todos se conocían y se organizaban. Según sus cualidades: unos iban de cacería, otros protegían a los más débiles, etc. Es decir, cumplían con distintos roles, de acuerdo con su mayor o menor fuerza. Lo cual estaba relacionado con la edad y el género. Su meta principal era la conservación de la especie.

Pero no por primitiva, esta manera de organizarse era menos perfecta que las actuales. Ya que el poder de cada hombre era pleno, su libertad sólo estaba limitada por los peligros de la naturaleza y no por otros hombres. Ellos no obedecían a nadie. Pero en forma natural, el fuerte era el responsable del grupo y su autoridad prevalecía sobre el débil.

En las sociedades matriarcales, las mujeres más fuertes, también dirigían a las demás.

Es evidente, que la primera forma social y política fue la anarquía, donde los límites del poder estaban determinados por la fuerza física. Y esta forma rudimentaria de gobierno, era la más adecuada para la época y para ese tipo de sociedad primitiva, porque no necesitaban otra cosa.

Se respetaba la libertad individual y se practicaba la

solidaridad porque eso le convenía a todos en un medio que le era hostil. Porque, como dijo Rodolfo Livingston, en uno de sus libros: "No siempre la naturaleza fue amiga del hombre. Seguramente, de haber sabido escribir, los primitivos humanos hubieran colocado un cartel que dijera: "tengan cuidado con la naturaleza" y no "cuidemos a la naturaleza" como lo hacemos hoy.

Sólo después de mucho tiempo, cuando los grupos fueron tan numerosos que no necesitaban defenderse de la adversidad, comenzaron a tener sus propios intereses e intentaron diferenciarse unos de otros, por sus propias cualidades, ya sea como guerrero, cazador, sacerdote, etc.

Y con el correr del tiempo, algunos se van a establecer en un territorio apropiado para vivir como sedentarios y otros, seguirán siendo nómades, dependiendo de las posibilidades de caza y alimentos.

Los primeros, se sentirán con derechos sobre el territorio y no querrán ser desposeídos por otros grupos que quisieran las bondades de esa tierra.

Y así va a nacer el primer concepto de soberanía territorial. Lo que traerá aparejado la idea de la guerra.

El enemigo del hombre, ya no será la naturaleza, sino el hombre mismo. Y la guerra, surgida como necesidad de defender el territorio, va a relacionarse con el concepto de poder y este con el de fuerza y los guerreros pasarán a ser una casta superior.

Así surge la discriminación de la mujer, por ser menos fuerte y por ende, menos apta para el combate.

Y desde el principio de la historia hasta casi nuestros días, el poder será cosa de hombres, con raras excepciones, que se dieron en grupos matriarcales, que finalmente desaparecieron, vencidos en batallas por ejércitos de hombres.

Pero sigamos imaginando a la historia y veremos que a medida que el número de guerreros crecía, surgía la necesidad de elegir a un jefe que los guíe en las batallas. Y quien los va a dirigir será el más apto, que surgirá del consenso entre todos los varones que forman el grupo. La elección será directa y representativa, mediante asamblea presencial. No hay votación tal como la entendemos hoy, pero sí consenso por mayoría.

La primera figura con poder sobre el resto del grupo será ese dirigente, quien romperá para siempre la idea de la igualdad social ya que estará por encima de las decisiones individuales.

Aparece entonces, un rudimentario concepto de democracia. Alguien que es elegido dirigirá y representará al grupo. Sin dudas, esa elección no se dirimía por discursos, sino por la habilidad personal para el combate y de ser necesario, debía pasar por otras pruebas, para demostrar su mejor aptitud. Y siempre se elegía al mejor. Y sólo él tendrá el poder que le han delegado sus pares.

Pero ese poder, no era hereditario ni vitalicio, sino que se daba por un tiempo hasta que apareciera otro que fuera mejor dotado. Vale decir, que el primer jefe del estado tribal, no tenía características monárquicas, ya que surgía de una elección directa, duraba mientras fuera apto y su poder no se transfería a sus hijos.

En un principio ese poder otorgado, era sólo para la guerra y luego se amplió a otras funciones: como la de gobernar la tribu con sabiduría. Nace así, la primera idea de república.

¿Pero qué condiciones debía tener ese gobernante o jefe?

Había una especie de consenso colectivo, acerca de

cuáles eran las cualidades necesarias para gobernar, de acuerdo con el momento histórico y a las características de cada grupo. Sus funciones eran el manejo de la cosa pública, ser jefe en las batallas y juez entre los individuos. Pero podía ser removido por enfermedad, debilidad mental o física, entre otras causas.

La ley surgía de la razón misma y se establecía como usos y costumbres que todos debían conocer.

Y ese fue, en realidad, el origen de la república democrática que, como vemos, fue posterior al concepto de anarquía y bastante anterior a la idea de monarquía.

En las sociedades primitivas, la anarquía se dio cuando el grupo era pequeño y cada uno podía decidir de acuerdo a lo que creía mejor. Pero en grupos más grandes, había que organizarse para poder subsistir. Y alguien debía conducirlos y dividir el trabajo.

Algunos creen que la república nació en Grecia, pero no fue así, porque en realidad nace en la tribu. Sólo que en ese tiempo, no existían términos que representaban esos conceptos de "república" o" democracia" cuya etimología, sí es griega, aunque en la Grecia antigua nunca hubo democracia, como veremos más adelante.

Pero volvamos al razonamiento histórico, para poder apreciar cómo, con el transcurso del tiempo, además de los guerreros que eran una clase social privilegiada, apareció otra clase social importante, con virtudes especiales y que fue la de los adivinos y brujos, que se asociaba a la idea de la magia, de Dios y de religión.

Por lo general, los brujos y sacerdotes surgían y se elegían siempre de la misma familia y duraban en esa función toda la vida. Recién con ellos, aparece el concepto de estirpe o de poder hereditario, que estaba ligado a lo familiar y a lo religioso.

A partir de entonces, hubo dos clases sociales que se disputaban el poder. Una, que tenía la fuerza física para la guerra y otra, cuyo poder emanaba de los dioses o de los poderes mágicos.

Con la aparición de estos dos conceptos aparece la OLIGARQUÍA, o sea, el gobierno de una clase social que prevalece, ya sea que se trate de guerreros o de brujos. Y sólo cuando se unen esos dos poderes en una persona, aparece el concepto de monarca (cacique), quien va a tener tanto el poder para la guerra, como el emanado de Dios. En un principio, su poder será de carácter vitalicio y con el tiempo, se hará hereditario, precisamente, cuando se creyó que los dioses le daban esos poderes a una familia y no a una persona.

Históricamente, el concepto de Monarquía tampoco nace ligado al de riqueza, ni es ilimitado, ni absoluto, porque había ciertas personas que acompañaban al jefe tribal, al cacique o al monarca, en las decisiones fundamentales.

El concepto de que el monarca concentraba todo el poder en su persona, surge recién con Aristóteles cuando definió, erróneamente, a la monarquía como "el gobierno de uno", porque en realidad, el monarca nunca gobernaba solo, sino que siempre compartía el poder y gobernaba con otros.

Así, en los primeros tiempos y aún cuando tenía carácter hereditario y vitalicio, gobernaba junto a los consejos de ancianos, los brujos y los guerreros, quienes decidían sobre determinados temas.

Como decía BURKE, las formas de gobierno y las instituciones "fueron evolucionando con la historia"...." Pero todavía podemos reconocerlas, por ciertas formas esenciales que provienen de la semilla primera…"

Con la aparición de la anarquía, la república, la oligarquía y la monarquía (en ese orden), tenemos cerrado el círculo de la historia en cuanto a las formas de gobierno. Las que se irán repitiendo y evolucionarán con las épocas, hasta llegar a nuestros días de un modo diferente a lo que fueron en sus orígenes.

Y va a ocurrir lo mismo con todas las instituciones. Por ejemplo, si consideramos la evolución que ha habido en el concepto de "ejército", veremos que en la tribu éste aparece ligado al valor, a la defensa del territorio, a la aptitud física de los guerreros, a su fuerza y su importancia dependía del número de combatientes. En cambio, hoy nos bastaría recordar las bombas atómicas, o químicas, para que el número de soldados se vuelva absurdo, porque la fuerza del ejército, no depende ya del número, ni de su aptitud, ni de su destreza, sino de las armas que se utilicen. De modo que esas instituciones ya no existen tal cual se originaron.

Como pudimos ver, contrariamente a lo que dicen muchos autores, la república fue anterior a la monarquía, lo cual también fue aceptado por Harold Nicolson, en su libro "La Monarquía".

Y como dice Carlos Puyuelo Salinas, en su libro "La república y la monarquía", si bien es cierto que hoy la monarquía está en crisis, no lo está menos la república, si la comparamos a lo que fue desde su origen. Porque resulta tan poco creíble, el hecho de que la monarquía proviene de Dios, como que en la república el pueblo pueda ejercer el poder mediante la representación"

Y esa es la clave de este asunto. Porque el problema político, consiste en saber quién ejerce realmente el poder.

Y comprobaremos a través de la historia, que ni el rey tenía todos los poderes, ni el pueblo ejerció jamás la soberanía plena.

Y además, salvo en la república originaria de la tribu, o en las primeras formas de gobierno monárquico, siempre hubo influencias externas muy poderosas en todos los casos, que desde las sombras, también ejercían el poder, como por ejemplo, la Iglesia Católica, que trajo la inquisición a América Latina a través de los monarcas católicos y aún hoy, se las arregla para influenciar en la política de todo el mundo.

Pero lo que en realidad existió siempre, fueron sistemas políticos mixtos, adecuados a cada realidad social. Porque ninguna de estas formas de gobierno, fue mala o buena en sí misma, sino en todo caso, esto va a depender de que se logren o no, desarrollar las virtudes o eliminar los defectos de una sociedad organizada, para lograr el bienestar económico, físico y moral de la mayoría.

Lo que sí puede destacarse por sobre cualquier otro sistema, es que en la tribu, los actos de gobierno sí eran públicos, porque en razón del menor número de integrantes, todos conocían y participaban en los actos de gobierno. Algo que no ocurrió en la "Polis griega" ni en otros lugares.

Si pensamos en los "gastos reservados" que hoy tienen los distintos poderes del Estado, o en la falta de publicidad de los asuntos de gobierno, que impiden el control por parte de la sociedad, diríamos que las repúblicas actuales, pertenecen al ocultismo.

LA ORGANIZACIÓN SOCIAL Y POLÍTICA DE GRECIA

Si nos remontamos a sus comienzos, veremos que por la cantidad de Estados que tenía la nación griega, se dieron casi todas las formas de gobierno que hoy conocemos.

Los antecedentes políticos más antiguos, nos muestran a una monarquía de origen divino, que provenía de Zeus y donde el monarca acumulaba tres poderes: el de juez supremo, jefe militar y sumo sacerdote.

En cambio en la tribu primitiva, ya vimos que el jefe podía ser destituido si era considerado poco apto o era superado por otro, de modo que se ejercía un poder de control sobre sus condiciones como gobernante.

Tampoco en Grecia, el monarca gobernaba solo, ya que lo hacía con el Consejo de ancianos y la Asamblea popular, a la que sometía los asuntos más importantes. Y aún cuando las Asambleas debían aceptar las propuestas del rey, esta metodología servía para hacer públicos los actos de gobierno.

Vale decir que si bien el monarca decidía por sobre todos ellos, tenía la obligación de comunicarles los asuntos sobre los que tomaba la decisión.

Por otra parte, el poder militar también controlaba al rey. De modo que la idea de un monarca que concentraba el mando, no fue tomada de la realidad, ya que eso nunca existió.

En Grecia, los miembros del Consejo de ancianos, tenían título de rey. Y en realidad, allí se resolvía todo, después de un debate que tenía dos etapas: una de discusión y otra de polémica, donde la nobleza pretendía siempre imponer su criterio.

Así surgen los famosos oradores griegos, que no siempre van a beneficiar a los Estados. Porque en los discursos, prevalecían sus condiciones de "actor teatral", más que la verdad. Por eso, con el discurso apareció la demagogia.

Y esta lucha constante para imponer las ideas, va limitando el poder del monarca, hasta que éste se queda únicamente, con el poder sacerdotal.

Esto ocurrió, precisamente., cuando apareció el cargo de General, que se va a encargar de la guerra y con el nombramiento de un funcionario para la administración civil y de seis jueces supremos para impartir justicia.

Los únicos Estados griegos que mantuvieron la monarquía, son Esparta y Macedonia, conservando por ello, su poderío militar.

En la política ateniense, apareció la república después de la monarquía. Así dicen algunos autores, con los que no estoy de acuerdo, porque lo que hubo en Atenas durante cuatro siglos, hace 2500 años, no fue una república, sino una democracia directa, casi perfecta, porque a medida que transcurría el tiempo, la iban perfeccionando. Es falso, todo lo que se dijo siempre, sobre la democracia ateniense porque hubo intereses de hacerla desaparecer del mapa y de silenciarla en los libros de historia y por sobretodo deformarla, o sea decir lo que no era. Y constantemente, se dijo que la república se convirtió en tiranía, es decir, en abuso de poder o en permanencia excesiva en el gobierno. Algo que no podía pasar, si conocemos lo que era la Asamblea Popular Ateniense y el Kleroterión.

Hasta se dijo, que en Grecia, la república fue sólo una idea política-filosófica, que nunca fue llevada a la práctica. Y que en la antigua Grecia, la nobleza militar, a la que también se la consideraba dada por los dioses, constituía una poderosa oligarquía. Las familias se disputaban el poder y esas luchas destrozaban al Estado, sin la participación del pueblo, a quien llamaban Demos.

Y siguen mintiendo cuando afirman que los caudillos o demagogos, que prometían al pueblo, aquello que luego no podían cumplir y que en nombre de la democracia, se hacían dueños del Estado, asumiendo todos los poderes y la transformaban en una tiranía que duraba varios años y a veces, toda la vida. Pero tal vez por vergüenza, agregan que pesar de ello, casi todos los tiranos griegos fueron excelentes gobernantes y siempre se preocuparon por el desarrollo económico y cultural de su pueblo. Algo muy contradictorio, por supuesto., que nos llevaría a afirmar, que en la política no importaría tanto la forma de gobierno instituida, sino las buenas intenciones de los gobernantes. Con lo que se reconoce por fin, el éxito del modelo ateniense, que desprestigiaron adrede para poder introducir el DIVIDE Y REINARÁS, de la república, que destrozó a las monarquías existentes, con promesas de una democracia que jamás se logró, hasta hoy.

Y siguen diciendo los detractores de la democracia perfecta de Atenas, que el término tirano no tenía el mal concepto que tiene hoy, porque en realidad, ellos dieron bienestar a la población y redujeron las diferencias de clases. Otra contradicción, porque hablaron de oligarquías. Y siguen, con la mentira de manifestar que lo más reprochable fue que, muchas veces se sostuvieron en el poder por la fuerza y la intimidación.

En Esparta, la monarquía se mantuvo. Y con ello se

evitó la aparición de tiranos, que habían ocupado casi todo el territorio. Y yo digo ¿desde cuándo la monarquía evita la aparición de tiranos?

Y dicen algo cierto: "como en la monarquía no se producen luchas entre sectores políticos", se logró la unidad mediante la Liga Espartana, formada a causa de la guerra con los Persas y que dio lugar a la Gran nación griega. Esa última parte, es falsa, Atenas venció a los Persas.

Aristágoras, aprovechó este sentimiento para movilizar a las ciudades jónicas contra el Imperio persa, en el año 499 a. C. Aristágoras pidió ayuda a las metrópolis de la Hélade, pero sólo Atenas, que envió 20 barcos (probablemente la mitad de su flota) y Eretria (en la isla de Eubea), acudieron en su ayuda; no recibió ayuda de Esparta. El ejército griego se dirigió a Sardes, capital de la satrapía persa de Lidia y la redujo a cenizas, mientras que la flota recuperaba Bizancio. Darío I, por su parte, envió un ejército que destruyó al ejército griego en Éfeso y hundió la flota helena en la batalla naval de Lade. Magno en el siglo siguiente.

Los propios griegos se refirieron a estas guerras como el «asunto medo», pues aunque eran perfectamente conscientes de que el Imperio aqueménida, su enemigo, estaba gobernado por una dinastía persa, conservaron para éste el nombre con que fue conocido antes, Media, una región contigua a Persia sometida a su imperio.

En el siglo VII a. C. las ciudades jónicas se encontraban bajo la soberanía del reino de Lidia, si bien gozaban de cierta autonomía a cambio de pagarle tributo. En 546 a. C. el rey Creso de Lidia (el último monarca lidio en gobernar Jonia) fue derrotado por el rey persa Ciro, pasando desde entonces su reino y las ciudades griegas a formar parte del Imperio persa.

Expansión del Imperio aqueménida hacia el año 490 a. C.

Darío I, sucesor de Ciro, gobernó las ciudades griegas con tacto y procurando ser tolerante. Pero, como habían hecho sus antecesores, siguió la estrategia de dividir y vencer: apoyó el desarrollo comercial de los fenicios, que formaban parte de su imperio desde antes, y que eran rivales tradicionales de los griegos. Además, los jonios sufrieron duros golpes, como la conquista de su floreciente suburbio de Naucratis, en Egipto, la conquista de Bizancio, llave del mar Negro, y la caída de Síbaris, uno de sus mayores mercados de tejidos y un punto de apoyo vital para el comercio.

De estas acciones se derivó un resentimiento contra el opresor persa. El ambicioso tirano de Mileto, Aristágoras, aprovechó este sentimiento para movilizar a las ciudades jónicas contra el Imperio persa,1 en el año 499 a. C. Aristágoras pidió ayuda a las metrópolis de la Hélade, pero sólo Atenas, que envió 20 barcos (probablemente la mitad de su flota) y Eretria (en la isla de Eubea), acudieron en su ayuda; no recibió ayuda de Esparta. El ejército griego se dirigió a Sardes, capital de la satrapía persa de Lidia, y la redujo a cenizas,2 mientras que la flota recuperaba Bizancio. Darío I, por su parte, envió un ejército que destruyó al ejército griego en Éfeso3 y hundió la flota helena en la batalla naval de Lade.

Tras sofocar la rebelión, los persas reconquistaron una tras otra las ciudades jonias y, después de un largo asedio, arrasaron Mileto. Murió en combate la mayor parte de la población, y los supervivientes fueron esclavizados y deportados a Mesopotamia.

La primera guerra médica
Artículo principal: Primera guerra médica
(Libro VI de la Historia de Heródoto)

Darío I, rey de los persas entre 522 y 486 a. C.
Tras el duro golpe dado a las polis jonias, Darío I se decidió a castigar a aquellos que habían auxiliado a los rebeldes. Según la leyenda, preguntó: «¿Quién es esa gente que se llama ateniense?», y al conocer la respuesta, exclamó: «¡Oh Ormuz, dame ocasión de vengarme de los atenienses!». Después, cada vez que se sentaba a la mesa, uno de sus servidores debía decirle tres veces al oído «¡Señor, acordaos de los atenienses!». Por eso encargó la dirección de la represalia a su sobrino Artafernes y a un noble llamado Datis.

Mientras tanto, en Atenas algunos hombres ya veían los signos del inminente peligro. El primero de ellos fue Temístocles, elegido arconte en 493 a. C. Temístocles creía que la Hélade no tendría salvación en caso de un ataque persa, si Atenas no desarrollaba antes una poderosa marina.

De esta forma, fortificó el puerto de El Pireo, convirtiéndolo en una poderosa base naval, más pronto surgiría un rival político que impediría el resto de sus reformas. Se trataba de Milcíades, miembro de una gran familia ateniense huida de las costas del Asia Menor. Se oponía a Temístocles porque consideraba que los griegos debían defenderse primero por tierra, esperanzado en la supremacía de las largas lanzas griegas contra los arqueros persas. Los atenienses decidieron poner en sus manos la situación, enfrentando así la invasión persa.

La flota persa se hizo a la mar en el verano de 490 a. C., dirigidos por Artafernes, y conquistó las islas Cícladas y posteriormente Eubea, con su principal ciudad, Eretria, como represalia a su intervención en la revuelta jonia. Posteriormente, el ejército persa, comandado por Datis, desembarcó en la costa oriental del Ática, en la llanura de Maratón, lugar recomendado por Hipias (anterior tirano de Atenas, a favor de los persas desde su exilio) para ofrecer batalla, por considerarla el mejor lugar para que actuara la caballería persa.

Maratón (septiembre, 490 a. C.)
Artículo principal: Batalla de Maratón
Milcíades, avisado del desembarco persa, exhortó a los atenienses a hacerles frente. En lugar de tomar una estrategia defensiva, Milcíades decidió cargar contra el ejército persa logrando crear sorpresa y pánico en las tropas, muchas de las cuales se dieron a la fuga y fueron perseguidas y diezmadas por los griegos. El ejército griego logró apoderarse de ocho naves enemigas, pero no pudo cortar la retirada del grueso del ejército persa, el cual, protegido por la reagrupación y sacrificio de algunos cientos de hombres, pudo reembarcarse, precipitadamente. De inmediato dio Artafernes la orden de dirigirse hacia Atenas, esperando llegar a una ciudad desguarnecida.

En la batalla de Maratón, los griegos envuelven los flancos persas, mientras que su centro realiza un ataque en retroceso que llena el vacío dejado por los griegos.

Las bajas persas ascendieron a más de 6000 hombres, mientras los griegos sólo perdieron 192, incluido el polemarca Calímaco. Milcíades ordenó dirigirse de inmediato a Atenas y envió por delante a su mejor corredor-mensajero, Filípides, para levantar la moral combativa de la ciudad. Filípides dio la sensacional noticia de la victoria y cayó muerto por el esfuerzo, según la tradición, aunque algunos autores apuntan que fue por consecuencia de las heridas recibidas en el combate. Las tropas llegaron horas después, a marchas forzadas, y se fortificaron en el Pireo y la propia Atenas. Ante el evidente despliegue defensivo de los griegos y la desmoralización de las multitudinarias tropas persas, Artafernes no se decidió a desembarcar y dirigió las naves hacia el Asia Menor.

Tres días después de la batalla, los espartanos mandaron 300 hombres al mando de uno de sus generales, pero en la llanura de Maratón sólo yacían los restos de los caídos de ambos bandos, pues los atenienses, en la precipitación de su retorno a su ciudad, no habían tenido tiempo de sepultar a sus hombres.

La derrota de los persas se debió a dos factores fundamentales.

En primer lugar, a las tácticas griegas de aprovechar al máximo las particularidades del terreno para favorecer un estilo de combate a corta distancia unido a la audacia militar y el aprovechamiento del factor sorpresa.

En segundo lugar, a la organización estratégica persa, que hacía combatir a sus hombres agrupados por nacionalidades, no por armas, lo que debilitaba militarmente a sus fuerzas pero era necesario para mantener la disciplina en un ejército que combatía en su mayor parte (con la excepción de medos y persas propiamente dichos) para un monarca invasor de su propio país, invadiendo otro país extraño.

También se ha destacado un factor psicológico sobre la elevada moral de combate de los Atenienses y Platenses, quienes estaban animados por un inusual sentido de compromiso muy poco conocido en aquella época: su fuerte sentido de identidad cultural y libertad nacional que podríamos denominar "patriotismo". También destaca su autoestima como "hombres libres", particularmente en Atenas gracias a los logros políticos de la democracia ateniense donde desde las reformas de Clístenes se había logrado que muchos de sus habitantes fueran ciudadanos libres y con derechos políticos, pero también en Esparta y otras ciudades-estado gracias a su noción de pertenencia a una polis independiente y regida por sus propios ciudadanos.

Temístocles retoma el mando en Atenas

Acrópolis de Atenas.
El victorioso Milcíades quiso aprovechar el momento de gloria para expandir el poder de Atenas en el mar Egeo, por lo que poco después de Maratón envió una parte de la flota contra las islas Cícladas, sometidas todavía a los persas. Atacó la isla de Paros, exigiendo a sus habitantes un tributo de 100 talentos, y al negarse

la ciudad le puso sitio, pero la defensa fue tan ardua que los griegos tuvieron que contentarse con unos pocos saqueos. Este pobre resultado empezó a desilusionar a los atenienses con respecto a Milcíades, llegando a verle incluso como un tirano que despreciaba las leyes.

Los enemigos de Milcíades le acusaron de haber engañado al pueblo y le sometieron a proceso, en el que no se pudo defender por haber sido herido en un accidente y estar postrado en una camilla. Se le declaró culpable, salvando la pena capital común en estos casos por los servicios prestados antes a la patria, condenándole a pagar la elevada suma de 50 talentos. Poco después moriría a causa de sus heridas. Será ahora Temístocles quien tome las riendas de Atenas.

En el año 481 a. C., los representantes de diferentes polis, encabezadas por Atenas y Esparta, firmaron un pacto militar, para protegerse de un posible ataque del Imperio aqueménida. Según este pacto, en caso de invasión correspondería a Esparta la tarea de dirigir el ejército helénico. Su resultado fue una tregua general, que incluso propició el regreso de algunos desterrados.

La segunda guerra médica
Artículo principal: Segunda guerra médica
(Libros VII, VIII y IX de las Historia de Heródoto)

«Tendréis toda la tierra y el agua que queráis»
Soldados de la guardia del rey persa. Relieve de Persépolis.
Tras la muerte de Darío, su hijo Jerjes subió al poder. Durante los primeros años de su reinado se ocupó de

reprimir revueltas en Egipto y Babilonia, y se preparó a continuación para atacar a los griegos.

Antes había enviado a Grecia embajadores a todas las ciudades para pedirles tierra y agua, símbolos de sumisión. Muchas islas y ciudades aceptaron, pero no Atenas y Esparta. Se cuenta que los espartanos, al igual que sucedió en Atenas, ignorando la inmunidad diplomática, respondieron a los embajadores: «Tendréis toda la tierra y el agua que queráis», y los tomaron y arrojaron a un pozo. Era una declaración definitiva de intenciones hostiles.

Sin embargo, en Esparta se empezaron a dar augurios nefastos, causados por la ira de los dioses debido a este acto de insolencia. Se llamó a los ciudadanos espartanos para solicitar si alguno de ellos era capaz de sacrificarse para satisfacer a los dioses y aplacar su ira. Dos ricos espartanos ofrecieron entregarse al rey persa, y se encaminaron hacia Susa, donde los recibió Jerjes, quien quiso obligarles a postrarse ante él. Sin embargo, los emisarios espartanos se resistieron, y le respondieron: «Rey de los medos, los lacedemonios nos han enviado para que puedas vengar en nosotros la muerte que han dado a tus embajadores en Esparta». Jerjes, les respondió que no iba a hacerse reo del mismo crimen, y que tampoco creía que con su muerte los liberaría de la deshonra.

Las Termópilas
Artículo principal: Batalla de las Termópilas

Leónidas en las Termópilas, por Jacques-Louis David (1814).

El poderoso ejército de Jerjes, que se estima en

alrededor de 500.000 hombres (sin embargo, se considera hoy en día que la logística de la época sólo podría haber alcanzado para unos 250.000), mejor equipados que aquellos bajo el mando de Darío, partió el 480 a. C.

Llevaban en la cabeza una especie de sombrero llamado tiara, de fieltro de lana; alrededor del cuerpo, túnicas de mangas guarnecidas a manera de escamas; cubrían sus piernas con una especie de pantalón largo; en vez de escudos de metal portaban escudos de mimbre; tienen lanzas cortas, arcos grandes, flechas de caña de aljabas y puñales pendiendo de la cintura.

(Plutarco)
El Estado Mayor de Jerjes estaba compuesto por seis miembros, muchos de ellos parientes cercanos del rey: Mardonio, Tritantacmes, Esmerdomenes, Masistes, Gergis y Megabizo.

Para cruzar el Helesponto, en un pasaje de Heródoto se nos cuenta cómo se construyó un imponente puente de barcas por el cual el ejército de Jerjes debía atravesar el mar, pero una tormenta lo destruyó, y Jerjes culpó al mar ordenando a sus torturadores que dieran mil latigazos como castigo a las aguas.

Finalmente cruzó el mar y siguiendo la ruta de la costa se adentró en la península. Paralelamente, la flota avanzaba bordeando la costa, para lo cual se construyó también un canal para evitar el tempestuoso cabo del monte Athos. Las tropas helenas, que conocían estos movimientos, decidieron detenerlos el máximo tiempo posible en el desfiladero de las Termópilas (que significa «Puertas Calientes»). Al menos el tiempo suficiente para asegurar la defensa de Grecia en el istmo de Corinto.

En este lugar, el rey espartano Leónidas I situó a unos 300 soldados espartanos y 1000 más de otras regiones. Jerjes le envió un mensaje exhortándoles a entregar las armas, a lo que respondieron: «Ven a tomarlas». Tras cinco días de espera, y viendo que su superioridad numérica no hacía huir al enemigo, los persas atacaron.

El ejército griego se basaba en el núcleo de la infantería pesada de los hoplitas, soldados de infantería con un gran escudo (hoplon, de ahí su nombre), una lanza, coraza y cnémidas de protección. Formaban en falange, presentando un muro de bronce y hierro con el objetivo de detener a los enemigos en la lucha cuerpo a cuerpo.

Las técnicas persas se basaban en una infantería ligera, sin corazas y con armas arrojadizas principalmente, además de la famosa caballería de arqueros y carros. El único cuerpo de élite persa eran los llamados «Inmortales», soldados de infantería pesada que constituían la guardia personal del rey persa.

Sin embargo, en aquel desfiladero tan estrecho los persas no podían usar su famosa caballería, y su superioridad numérica quedaba bloqueada, pues sus lanzas eran más cortas que las griegas. La estrechez del paso les hacía combatir con similar número de efectivos en cada oleada persa, por lo que no les quedó más opción que replegarse después de dos días de batalla.

Pero ocurrió que un traidor llamado Efialtes condujo a Jerjes a través de los bosques para llegar por la retaguardia a la salida de las Termópilas.

La protección del camino había sido encomendada a 1000 focidios, que tenían excelentes posiciones defensivas, pero éstos se acobardaron ante el avance persa y huyeron. Al conocer la noticia, algunos griegos señalaron lo inútil de su situación para evitar una matanza, y entonces Leónidas decidió dejar partir a los que quisieran marcharse, quedándose él, su ejército de 300 espartanos y 700 hoplitas de Tespias, firmes en sus puestos.

Atacados por el frente y la espalda, los espartanos y los tespios sucumbieron después de haber aniquilado a 10 000 persas. Posteriormente se levantaría en ese lugar una inscripción (Heródoto VII 228):

Salamina
Artículo principal: Batalla de Salamina

Temístocles.
Con el paso de las Termópilas franco, toda la Grecia central estaba a los pies del rey persa. Tras la derrota de Leónidas, la flota griega abandonó sus posiciones en Eubea y evacuó Atenas, buscando refugio para las mujeres y los niños en las cercanías de la isla de Salamina. Desde ese lugar presenciaron el saqueo e incendio de la Acrópolis por las tropas dirigidas por Mardonio.

A pesar de ello, Temístocles aún tenía un plan: atraer a

la flota persa y entablar batalla en Salamina, con una estrategia que lograría vencerles. Se cuenta que Temístocles envió a su esclavo Sicino ante el rey de Persia (o el eunuco Arnaces, según la fuente), haciéndose pasar por traidor, para contarle que parte de la armada griega escaparía de noche, incitando de este modo a Jerjes para que dividiera su flota enviando parte de ella a cerrar el canal por el otro lado, pero no está comprobado.

Lo cierto es que Jerjes decidió entablar combate naval, utilizando un gran número de barcos, muchos de ellos de sus súbditos fenicios. Sin embargo, la flota persa no tenía coordinación al atacar, mientras que los griegos tenían perfilada su estrategia: sus alas envolverían a los navíos persas y los empujarían unos contra otros para privarlos de movimiento. Su plan resultó, y el caos cundió entre la flota persa, con nefasto resultado: sus barcos se obstaculizaron y chocaron entre sí, yéndose a pique muchos de ellos, y contando además con que los persas no eran buenos nadadores, mientras que los griegos al caer al mar podían nadar hasta la playa. La noche puso fin al combate, tras el cual se retiró destruida la otrora poderosa armada persa. Jerjes presenció impotente la batalla, desde lo alto de una colina.

Los helenos sabían que cuando llega la hora del combate, ni el número ni la majestad de los barcos ni los gritos de guerra de los bárbaros pueden atemorizar a los hombres que saben defenderse cuerpo a cuerpo, y tienen el valor de atacar al enemigo.

(Plutarco)
Fin de la segunda guerra médica

Temístocles quiso llevar la guerra a Asia Menor, enviar allí la flota y sublevar las colonias jónicas contra el rey de Persia, pero Esparta se opuso, por el temor de dejar desprotegido el Peloponeso.

La guerra continuó al volver el ejército persa para invadir el Ática en el 479 a. C. comandado por Mardonio bajo las órdenes de Jerjes I. Mardonio ofreció la libertad a los griegos si firmaban la paz, pero el único miembro del consejo de Atenas que votó a favor fue condenado a muerte por sus compañeros. De esta forma, los atenienses hubieron de buscar refugio nuevamente en Salamina, y su ciudad fue incendiada por segunda vez.

Al enterarse de que el ejército espartano (increpado con amenazas por los atenienses para que les prestaran ayuda) se dirigía contra ellos, los persas se retiraron hacia el Oeste, hasta Platea. Dirigidos por su regente Pausanias, conocido por su sangre fría, los espartanos, junto a los atenienses y los demás aliados griegos, lograron otra importante victoria sobre los persas, (batalla de Platea, 27 de agosto 479 a. C.), capturando de paso un gran botín que les estaba esperando en el campamento persa. Además de la victoria en Platea, ocurrió poco tiempo después el hundimiento de la flota persa en Mícala, que fue además la señal para el levantamiento de los jonios contra sus opresores. Los persas se retiraron de Grecia, poniendo así fin a los sueños de Jerjes I de conquistar el mundo helénico.

Pentecontecia
Artículo principal: Pentecontecia
Aparece la llamada Pentecontecia, término usado para

referirnos al período de la historia de Grecia desde la derrota de los persas en la segunda guerra médica en Platea, al inicio de la Guerra del Peloponeso, concretamente la Guerra arquidámica, en 432 a. C..

Fue un conflicto que enfrentó a las ciudades de la Liga del Peloponeso, encabezadas por Esparta, a las de la Liga de Delos, encabezadas por Atenas, y el comienzo de la tercera guerra médica en el 471 a. C.

La tercera guerra médica

El «imperio de Atenas» en el 431 a. C., heredero directo de la Liga de Delos que se había creado tras el final de la segunda guerra médica.

Durante esta época los atenienses y los espartanos fundan la Liga Ático-Délica en memoria de la simaquia, que tendría como principal objetivo proteger a Atenas y las colonias jonias del Asia Menor. Esta liga estaría totalmente comandada por Atenas, que llevaría así las directrices en todos los aspectos posibles, por lo que de esta manera se convierte en el mayor pueblo de Grecia política, económica, social, cultural y militarmente, sobrepasando a la propia Esparta.

En este momento Temístocles es mal visto por el pueblo ateniense y es exiliado, de modo que huye a las fronteras del Imperio aqueménida, y allí se pone bajo el mando del nuevo soberano persa, Artajerjes I, que junto a sus influencias y el acérrimo odio que ambos sentían por la cultura griega, se decide avanzar hacia las costas griegas para someterlas, definitivamente, bajo el dominio persa.

Cimón, hijo de Milcíades, enterado de las intenciones de Artajerjes I, avanza hasta la actual Turquía y derrota al ejército persa en la batalla del río Eurimedonte en el 467 a. C.

Tras esta gran victoria, Cimón decide que se debe de nuevo promulgar la amistad y paz con el pueblo espartano, pero los atenienses no consideran esa opción de igual manera y los destierran por orden de Efialtes, cuyo mandato no duró mucho y fue sucedido por Pericles, que dominó Atenas hasta su muerte en el 429 a. C. Pericles continúa la guerra contra Persia, en la que destacan dos decisiones que tomó, la primera la de solicitar a Cimón su vuelta del destierro y la segunda, la firma de un tratado de paz con Artajerjes I, el cual lo acepta, llamado Paz de Calias en el 448 a. C. que estipula ciertas condiciones para ambos pueblos y que es presidido por éste, razón por la que fue mandado de vuelta del exilio, aunque realmente está demostrado que fue presidido por Calias, ya que en el año del tratado, Cimón ya había muerto, por lo que se piensa fue realizado en su honor y recuerdo.

Pero lo autores detractores de la democracia Ateniense, mintieron cuando afirmaron: "Las guerras médicas llegan a su fin mediante las condiciones impuestas por los griegos a los persas, a saber:

Obligación a los persas de desistir definitivamente en su conquista y expansión a Grecia.
No volver a navegar por el mar Egeo
Se les permite comerciar con las colonias griegas de Asia Menor.
 Fueron los monarcas espartanos, quienes dieron refugio a los otros Estados y los llevaron al triunfo.
Aunque es justo reconocer que en Atenas, la

creatividad y el espíritu de libertad, hicieron florecer a la cultura, que llegó a su esplendor con Pericles.

Pero hubo una deliberada difamación del sistema griego. El sistema judicial de Atenas, según ellos decían, estaba formado por un numeroso tribunal popular. El jornal de juez, no era atractivo para las clases altas y las exigencias para serlo eran mínimas, sólo se debía tener más de treinta años como único requisito y se admitían de escasos recursos.

El cargo era rentable y por sorteo entre cualquiera que se postulaba. (como si los hoy legisladores de nuestras republiquetas, casi todos con títulos universitarios, nos garantizaran probidad)

Decían los detractores de los griegos, que en esos tribunales, prevaleció la clase baja (plebe), que fueron acusadores sin conciencia que se dejaban manejar por personas que les daban dinero. No se les exigía ni que supieran leer. Que quienes integraban esos tribunales carecían de conocimientos básicos. Distinto hubiera sido si el sorteo se hacía con gente preparada y con conocimientos" ...(con estas y otras infamias, se expresan hasta hoy los que buscaban aplicar el DIVIDE Y REINARÁS

Cuando Alejandro Magno ocupó el trono y antes de combatir contra los Persas, distribuyó su fortuna entre sus compañeros. Sus conquistas militares, su expansión y sus títulos de monarca de varios países, le dieron carácter universal a su gobierno. El deseo de formar un Imperio global, conquistando a los pueblos extranjeros, surge con él. Aunque la intención de éste no era la de esclavizarlos, sino por el contrario, liberarlos de la esclavitud y fomentar la cultura griega.

Esta idea que fue tomada por Roma y mantenida a través de la historia hasta nuestros días, por cuanto conquistador existió, aunque no con esos propósitos altruistas como en Grecia, sino con pretensiones de esclavizar y saquear a los pueblos en su propio beneficio.

Como vemos, la república griega fue desprestigiada, en base a intereses de terceros que necesitaban un reino no hereditario, para poder inmiscuirse e intervenir en el gobierno.

Algo parecido a lo que ocurre hoy, con algunos candidatos presidenciales, que además de teatro se hacen cirugías estéticas y contratan un asesor de estilo.

Pero en Grecia, lo que se llamaba demagogia consistía, en la exageración de las promesas y no en falsas promesas, como ocurre hoy, cuando los candidatos prometen, lo que saben que no van cumplir.

Tampoco el poder estaba ligado a la ambición personal del gobernante, ni estaba dirigido por poderes extranjeros dominantes, que los obligaban a gobernar en contra de los intereses del propio país, como podemos apreciar en las repúblicas actuales.

En Grecia, la función pública estaba ligada al patriotismo, una práctica que hoy también ha caído en desuso.

Por lo tanto, ni la república ni la democracia surgieron como un sistema de partidos, sino que estos constituyeron un vicio posterior. Por el contrario, a mayor consenso mayor representación. Por eso, no es cierto que un partido único (con máximo consenso) no sea democrático ni republicano, porque lo que importa son las propuestas de los candidatos, no los partidos. Así decían, pero hoy vemos que los partidos impiden la representación misma del pueblo y que las decisiones o promesas no se respetan. Porque en la democracia lo que debe haber son distintas propuestas, no diferentes partidos. Pero hoy ocurre lo contrario, porque hay muchos partidos cuyos candidatos proponen lo mismo.

En la tribu, podía haber más de un candidato para ser jefe pero no necesitaban de partidos.

En cambio, en las Repúblicas actuales, vemos a numerosos partidos y las mismas propuestas, por lo general, "de ajuste". Más aún, vemos que el candidato representa más a su partido, que al pueblo que lo votó. Y no nos extrañaría, por ejemplo, que un concejal ni siquiera conozca a los vecinos del barrio que representa, ni sus necesidades o inquietudes.

O como sucede, muchas veces, se decide a votar en bloque lo que le manda el partido, sin importarle la voluntad popular expresada en los comicios.

Pero volvamos al tema de la república originaria que se basaba en la representación, la elección directa, la participación del pueblo en las decisiones de gobierno, en la presencia de ciertos poderes según las necesidades del grupo y la publicidad de los actos de gobierno.

Pero la verdadera participación, no se da cuando el pueblo escucha, sino cuando es oído.

Y la verdad no está en la cantidad de votos sino, muchas veces, en la "valoración del más apto" como ocurría en aquellas sociedades primitivas.

A principios del siglo XXI, la posibilidad de que el pueblo gobierne a través de sus representantes es muy relativa, porque el gobernante no tiene identidad de propósitos con el poder que le dio origen, o sea, con el pueblo. Mientras que en la tribu, la democracia se ejercía desde abajo hacia arriba y el gobernante o jefe, debía cumplir con lo que el pueblo decidía sin intermediarios.

¿Cuáles eran los valores democráticos y republicanos en ese tiempo tribal?

1) La elección no se fundaba en la demagogia, ni en el discurso.

2) Respecto de la representación, había una relación directa del pueblo y sus representados, sin partidos que se interpongan o que estén por encima del pueblo.

3) Existía armonía de propósitos entre gobernantes y gobernados.

4) Todos conocían los actos de gobierno (eran públicos)

Como podemos apreciar, no todo lo que hoy llamamos democracia o república, en realidad lo fueron.

Porque detrás de esas hermosas palabras, muchas veces se esconden grupos de poder, que escudándose en la demagogia de su discurso, gobiernan según intereses contrarios a los de su pueblo, o lo que es peor, lo hacen según los intereses de otros países.

Así vemos hoy, que los proyectos de gobierno, no se elaboran desde la gente, ni para la gente, sino que responden a los partidos y son fiscalizados desde el exterior, por países imperialistas.

Para hablar de democracia, debemos desenmascarar a aquellos regímenes que se dicen democráticos, únicamente, porque someten a elección popular las candidaturas y nunca los asuntos más importantes del Estado. Y en muchos casos, el poder ejecutivo contraría, deliberadamente, el mandato popular

Hay regímenes que se colocan una máscara, se disfrazan de democráticos y predican a través de editoriales, cátedras, o programas periodísticos, que el sistema democrático es el mejor, pero enseguida dicen que resulta impracticable.

Mentira. No nos dejemos engañar, porque la democracia se puede practicar perfectamente, sólo que no conviene a ciertos intereses, que desean dividir a la sociedad, para poder sacar ventajas.

Pero volvamos a Grecia .Tampoco podemos igualar a la república con la democracia, como vulgarmente se hace, porque a lo largo de la historia, hemos encontrado, muchas veces, a repúblicas no democráticas y sin participación popular, como sí había en la tribu, cuando el jefe oía las distintas posturas y luego, decidía como un árbitro, armonizando los distintos intereses.

Muchos de esos jefes, fueron derrocados por decisión popular y debían ceder su lugar ante quien lo había superado en valor o en prestigio.

Como podemos ver, observando los hechos históricos, no fueron las monarquías, un horror que lamentar, ni las llamadas repúblicas de hoy, un paraíso para imitar.

PERO VEAMOS CÓMO FUE LA VERDADERA DEMOCRACIA ATENIENSE, de hace 2500 años y entenderemos por qué hoy NO TENEMOS DEMOCRACIAS.

En Atenas, no se votaba a mano alzada ni a viva voz después de escuchar a un orador estudioso del teatro, como dijeron sus detractores.

Desde las reformas democráticas de Clístenes en el siglo VI AC hasta los albores de las Monarquía Europeas y posterior Revolución Francesa, la Polis griega, desarrolló muchas tecnologías para sus instituciones políticas.

El Kleroterion, era un bloque de piedra con una serie de ranuras ordenadas en fila, (muchos de ellos, aún se conservan) O sea, un bolillero muy bien pensado, que se utilizaba para sortear a los ciudadanos para ocupar cargos públicos y a los jurados en los juicios.

Los atenienses eran conscientes de los riesgos que la corrupción imponía sobre su sistema de Justicia. Un juez o un pequeño tribunal, pueden ser sobornados o amenazados. Pero una multitud no (mucho menos si el voto es secreto).

A la hora de realizar un juicio se constituían Jurados muy grandes, para la época (hasta 500 personas) que eran elegidos al azar y a último momento. Cada ciudadano tenía un documento de identidad, llamado pinakion, que era una placa de madera o metálica, con su nombre grabado, que introducía en una ranura del Kleroterion. Y una vez, que estaban completas, un oficial de justicia, llamado arcón, echaba unas bolitas de bronce blancas y negras, en un embudo por la parte superior del Kleroterion, que bajaban por un tubo y eran mezcladas por un dispositivo de rotación. Luego las extraían, sucesivamente, por la parte inferior y se iba definiendo, si cada fila de candidatos era incorporada al jurado. Si salía la bola negra, era excluida y así, sucesivamente, hasta agotar el número de filas. También se usaba este bolillero de doble bola para seleccionar ciudadanos para cargos públicos. (La gente anotada en las filas, no se conocían entre sí)

A este sistema se lo criticó, porque lo único que se exigía era que sea un varón libre y sano. De modo, que al no exigirse determinados niveles de conocimiento, se piensa que no podría resolver ciertos temas de finanzas, política exterior, obras públicas, etc. Pero los atenienses tenían otro criterio, que hoy avalamos, porque, actualmente, con representantes de título universitario, se hacen grandes fraudes al pueblo, con actos de corrupción. Además, cualquier adulto que sea sano y normal, puede razonar en base a su experiencia y elegir lo mejor para todos.

La Polis, tenía dos órganos legislativos: El consejo de los 500, de miembros elegidos por sorteo y por un año, durante el cual preparaba la agenda de la Asamblea, (ekkiesia) el otro órgano legislativo, donde participaban todos los ciudadanos.

El ekklesisterion, era el lugar donde sesionaba la Asamblea, un lugar donde cada uno podía ver a todos los demás. Los votos se definían, luego de escuchar a todos, donde había expertos, durante todo el tiempo que quisiere hablar (no como ahora, que le limitan sus alocusiones). Se consideraba un sistema de reputación. Nadie sabía sobre los temas a tratar, pero si sabían, quienes eran los expertos en cada tema. De modo que cada uno con responsabilidad, tomaba decisiones, con libertad, sobre asuntos complejos, atendiendo a las reacciones de quienes entendían en la materia. Su voto, era secreto. (Para que nadie pudiera controlar el voto de ellos) Eso era importante, para que nadie supiera cual había sido su decisión.(Así se mantenía alejada cualquier tipo de manipulación externa)

Esta era una democracia incorruptible, por eso se la trató de desprestigiar o de borrar de la historia. El poder ejecutivo, no podía vetar, decretar ni legislar, sólo cumplir con lo decidido por la Asamblea.

Un ostrakon, era una pieza de cerámica, de donde se deriva el término ostracismo, la que era una práctica para evitar el riesgo de la tiranía, donde votaba la asamblea, para exiliar por 10 años a una persona, que hubiera sido propuesta por las tribus. Debía lograr 6000 votos secretos y afirmativos. Estas prácticas, quedaron grabadas en los artefactos que nos legaron los griegos (Fuente: Federico Ast, Fundador de la Nueva Atenas)

En 1976, un economista italiano Carlo Cipolla, publicó un texto de título revelador: "Leyes básicas de la estupidez humana" Según él, existen 4 tipos de personas: Los incapaces, los inteligentes, los estúpidos y los bandidos. Los estúpidos, toman decisiones que le perjudican a si mismos. Los bandidos, hacen cosas en su propio beneficio pero que perjudican al resto.(Me parece que se refiere al político contemporáneo)

En el 28/12/2015, STRAMBOTIC, un blog de Navarra, España, informaba que un grupo de científicos de la Universidad de Catania (Sicilia) habían elegido legisladores por sorteo, que se interesaban por el bien común, en tanto los elegidos por voto universal, que habían sido propuestos por partidos políticos, sólo pensaban en la reelección y en respetar la disciplina del partido, por encima de lo que el pueblo votó. Por lo que los que resultaron legisladores por sorteo, estaban libres y pensaban en el bien común. Este método fue aplicado también en Barcelona, Venecia, San Marino, Parma y Florencia. En China se pensó en una experiencia similar, ya que en la ciudad de Zeguo, se eligen cada año por sorteo a 175 ciudadanos para que tomen decisiones, representando a los ciudadanos locales. (Las experiencias fueron magníficas y positivas)

Fuentes: http://www.diario26.com/251043--informe-de-la-uca-la-pobreza-infantil-aumento-al-628
http://content.time.com/time/magazine/article/0,9171,2015790,00.html

ORGANIZACIÓN POLÍTICA DE ROMA

Poco se sabe de sus orígenes y de sus instituciones primitivas, pero la tradición habla de una monarquía, cuyo rey tenía funciones de juez supremo, jefe civil, militar y sacerdote, además de ejecutar los acuerdos de la Asamblea popular.

Muchos afirman, que había una monarquía electiva porque el rey era elegido por el consejo de Gans y que, después se fue transformando en hereditaria con lo que disminuyó la influencia que tenía el Senado, que estuvo siempre dominado por los patricios.

Esto motivó una revolución que derrocó al monarca Tarquino el Soberbio. Y no fue el honor de Lucrecia, perdido a manos de su hijo, lo que motivó la rebelión, sino que ese fue nada más que el pretexto. El que conspiró contra el rey fue el poder Supremo del Consulado, que estaba en poder de los patricios.

Así fue como se sustituyó al rey por dos cónsules, que podían oponerse entre sí y que duraban un año en sus funciones.

Esto acrecentaba los privilegios del Senado porque le daba poderes para nombrar un dictador por seis meses, que tenía poderes superiores al antiguo monarca.

En el dictador se concentraban todos los poderes y no debía rendir cuentas sobre su gestión.

En la república romana, el poder del pueblo iba de mal en peor, ya que el Senado formaba una aristocracia invencible, porque los dos cónsules y el dictador temporáneo, provenían siempre de los patricios, nunca de las clases bajas.

Así comienzan las luchas de clases.

Los plebeyos se retiraban en masa del ejército y se

organizaban para combatir en el Monte Sagrado.

De las negociaciones entre los dos sectores nacen los Tribunos de la Plebe, que es otra casta de poder, cuya función era oponerse al poder de los cónsules.

Ellos podían vetar mandatos de los magistrados y suspender o anular sentencias contra ciudadanos. Sus personas eran inviolables y quienes le desobedecieran, merecían la muerte.

Este cargo se hicieron otorgar César y Augusto y esto sirvió de base para el resurgimiento de la monarquía (o Imperio).

Los Tribunos, al igual que el rey, se arrogaban la defensa del débil y el oprimido, es decir del pueblo.

Pero en la República Romana, el verdadero poder pasaba por los militares y se parecía más a una anarquía, donde las luchas de clases sembraban el terror. Como Mario, con su ejército profesional o el ejército de su opositor Sila, que le costó a Roma más de 100.000 hombres entre muertos y heridos. Se derramó mucha sangre de los ciudadanos, a quenes les arrebataban sus bienes y muchas mujeres fueron dadas como si fueran mercancías.

Después del Consulado de Craso y Pompeyo, la anarquía se apoderó de Roma y durante el año 53, el Senado nombra a Pompeyo, único Cónsul, es decir, dictador de hecho.

César vuelve con su ejército y lo derroca en la famosa batalla de Farfalia. Y se hace nombrar dictador por diez años. Pero luego, se le da el título a perpetuidad, como dictador vitalicio.

Con esto, la República se transforma en Imperio, es decir, en monarquía.

El Senado se opuso a esta acumulación de poderes y pretendía que los vencidos fueran aniquilados.

En cambio, César propulsó la benevolencia y esto irritó al Senado, a tal punto, que lo eliminaron a mano de Bruto.

Y el terror se apoderó de la república, por las luchas entre caudillos.

Allí hace su aparición Octavio, con todos los vicios de la demagogia, aunque Roma seguía llamándose República.

Marco Antonio y Lepido, compartían con él el poder, pero luego, fueron vencidos por Octavio.

Termina la guerra civil y Octavio se presenta ante el Senado a devolverle al pueblo, los poderes extraordinarios que le habían otorgado. Pero no le fueron aceptados, conservando el Senado la administración de algunas provincias menores, conformando así una DIARQUÍA (soberanía compartida)

Ahora el soberano se llamaría Augusto, que quiere decir emperador.

Cuando Octavio renuncia a este título, se le da otro, el de Tribuno perpetuo, con el que se le reconoce carácter sagrado, inviolable y vitalicio, con lo queda convertido en rey, aunque todavía se le siga llamando restaurador de la república.

Y así vemos cómo las palabras, a veces, no tienen nada que ver con la realidad. Y no podemos afirmar nunca, que la república romana haya sido una república, por el solo hecho de haberse denominado así.

A la muerte de Octavio, se sucedieron tiranías militares, ya que no había una ley para la sucesión del poder. Y ocurrieron los crímenes más horrendos.

Sólo cuando Nerón sube al poder, va a existir una sucesión adoptiva, es decir, electiva y hereditaria, porque el emperador elige al sucesor, que se va a transformar en el hijo adoptivo.

A esto, le sigue el poder separatista de algunas provincias, que a su vez, eran acosadas por los bárbaros.

Ante el peligro, Diocleciano y Constantino, hacen renacer la monarquía para lograr la unidad necesaria para luchar contra ellos.

Y esto hizo, que en oriente el imperio durara hasta 1492, año en que los turcos se apoderaron de Constantinopla. Y que luego renaciera en la edad Media con Carlomagno.

Como hemos podido ver, el hecho electivo, es decir el hecho de elegir gobernantes, que también se usaba para monarcas o emperadores, no hace a la esencia de la república, ni al sistema democrático.

 Durante los años en que la república romana duró, no existieron sino actos demagógicos y dictatoriales de los cónsules, jefes militares, etc., en donde el ciudadano, no tenía participación, salvo el de ser espectador, entre las ambiciones personales de quienes aspiraban al poder y los crímenes que se efectuaban para lograrlo.

Si nos acercamos a las repúblicas actuales, sentiremos que las cosas no han cambiado mucho.

Los partidos políticos recurren a dádivas, coimas, mentiras y a cualquier argucia, para mantenerse en el poder. Hoy los actos de gobierno no son democráticos, ni republicanos, porque nadie rinde cuentas de ellos y el pueblo no participa en las decisiones.

A nadie se le escapa que por estos días, las finanzas públicas están en manos del poder político y el pueblo no puede controlarlas.

El reparto de privilegios y beneficios, se hace entre los políticos, por medio de las "partidas reservadas". Y los opositores, comparten el reparto de esos "favores" a espaldas del pueblo, disponiendo de dinero o de créditos especiales o realizando inversiones seguras, con datos precisos sobre lo que sucederá en la economía.

En el Poder Legislativo forman una "elite" impenetrable, en donde los beneficios se reparten entre la mayoría y las minorías formadas por legisladores. La oposición amenaza con juicios políticos a magistrados, gobernadores, con investigaciones de enriquecimiento ilícito, etc., para lograr coimas. En nuestro país se lograron votar leyes opresoras, como la ley laboral de la época del presidente De La Rúa, gracias a las coimas dadas a senadores inescrupulosos y la Justicia seguramente apañará tal proceder con sus fallos. Esto es lo que yo llamo una CORRUPTOCRACIA.

Y esa clase de gobierno, no es democrática ni republicana aunque haya surgido de elecciones libres.

El hecho de votar por un candidato no hace democrática a una república, ni mucho menos. Es la participación, la publicidad de los actos de gobierno, la igualdad ante la ley, el respeto por lo que el pueblo aceptó como propuesta del gobernante, lo que la hace a una república.

Acaso ¿Alguien conoce el destino cierto de los fondos del fisco?

Ni siquiera los especialistas, porque para ocultar los manejos políticos, diplomáticos o financieros del Estado, todo está muy burocratizado, diversificado, complicado y adrede se provoca la confusión, para que nadie pueda entender nada, ni analizar, ni juzgar.

¿Y a quiénes representan los representantes?

Como dije antes, entender a la política es fácil, pero hay quienes tratan de convertirla en un enigma pues hay sectores a los que no les conviene la claridad y la simpleza. Podría decirse, sin temor a equívocos, que la burocracia, es inversamente proporcional a la democracia. Porque a más burocracia menos claridad, por lo tanto, menos participación.

Y como nadie representa a nadie, la república y la democracia se convierten en simples palabras, que no tienen posibilidades de existir.

Pero en la república romana, la lucha por el poder existía de verdad y había líderes políticos y militares que morían, en esa lucha.

En cambio, hoy ya no hay esa clase de luchas, sólo hay opresión al pueblo.

Aunque los crímenes de la democracia no son notables ni destacados, porque siempre muere el de abajo y no en batallas, sino en forma sumisa, en silencio y sin estruendos.

Esos muertos de la opresión y de la miseria, no salen en los titulares de periódicos ni noticiosos. O acaso se ha visto en ellos, alguno que diga por ejemplo: "MUERE UN ANCIANO DE HAMBRE" o "PERECE UN NIÑO DESNUTRIDO"

Todo se resume a una operación matemática, donde el más es más y el menos es menos. Y el resultado siempre, es IGUAL.

Ya no hay ese tipo de guerras sangrientas por el poder, y si las hay, no suceden entre ejércitos.

Los poderosos ya no se matan entre sí, sino que forman un complot en contra del pueblo, que sólo los debe votar de vez en cuando y sufrir las consecuencias el resto del tiempo.

Claro que, de tanto en tanto, lo entretienen con elecciones que llaman libres y donde nadie se equivoca, porque los candidatos SON TODOS IGUALES. Es decir, pertenecen al mismo partido de derecha o al mismo "plan de ajuste", aunque se pongan distintas camisetas.

Y a este complot, nosotros lo llamamos "democracia" o "mejor sistema de vida". ¡Qué atrevimiento!

Pero veamos qué quiere decir "complot". El diccionario dice que es "una convención o pacto secreto contra alguien". Y cualquiera podría decir que ese "alguien" somos nosotros, o sea, el pueblo. ¿Usted qué piensa? Por mi parte, creo que esto no es una democracia y mucho menos una república, sino la deformación de ambas instituciones, causada por intereses oscuros que pretenden ocultársele al pueblo. O sea, lo que llamo una CORRUPTOCRACIA.

Y NOSOTROS LA CONVALIDAMOS CON NUESTRO VOTO.

ORÍGENES DEL PARLAMENTO

Un modo curioso de representación popular, tuvo lugar en Inglaterra, a pesar de que los monarcas del siglo XIII solían convocar a obispos, condes o a personas de influencia y consultaban a los barones, cuando debían tomar resoluciones importantes, como por ejemplo, declarar la guerra o imponer tributos.

Con la Monarquía y no con la república, se crearon las dos cámaras parlamentarias que hoy nos representan, o sea la de Senadores y la de diputados, aunque con otros nombres.

La cámara de los Comunes fue creada en 1265, cuando Simón Monfort, convocó a dos representantes por cada "comunitate" o por cada "commons' para lograr apoyo popular contra los barones.

Como podemos ver, no fue en la Revolución Francesa,

ni en ninguna otra república, cuando aparece EL PARLAMENTO, una institución que es venerada por las actuales repúblicas democráticas, como si fuera propia.

También fue en la monarquía inglesa, cuando aparecen los partidos políticos, organizados como hoy se conocen. Precisamente, fue en los días de la restauración de Carlos II, con la aparición de los "wigs" y los "tories", que fueron los primeros partidos políticos que registra la historia.

Los "tories", eran del Oeste de Escocia y pertenecían a la iglesia anglicana y habían luchado junto al rey en la guerra. Los "wigs" fueron quienes se rebelaron contra la iglesia y representaban a los intereses comerciales de Londres, es decir a los ricos.

El juego de ambos partidos, llevaba a unos o a otros al poder, mediante elecciones libres.

Gobernaban en nombre del rey, quien representaba al Estado y a la Patria, como vínculo entre ambos.

El rey actuaba como árbitro de los dos partidos, tal como ocurría en la democracia primitiva de la tribu, cuando el jefe escuchaba a los sectores y luego decidía.

Podemos afirmar entonces que la democracia se practicaba en la monarquía inglesa, más que en la república nacida de la Revolución Francesa porque como sabemos, ésta fue realmente, una tiranía que implantó el terror de Estado.

Como vemos, la democracia no es sinónimo de república, aunque algunos intenten todavía hacernos creer que las repúblicas son, por ese sólo hecho, democráticas o lo son por el simple acto eleccionario.

En las elecciones parlamentarias de la monarquía inglesa, tendremos un ejemplo cabal de esto.

Tampoco es cierto que el monarca era "decorativo",

sino más bien, representaba la idea de "Vigilante y custodia" de los intereses del Estado y actuaba en los momentos difíciles de la Nación. Su voluntad era acatada por todos. Su virtud más notable era la "neutralidad", ya que no pertenecía a ningún partido, ni defendía intereses de sectores ni personales.

Sin embargo, no vemos ese desinterés en las repúblicas ni en los políticos de hoy.

Y si profundizamos un poco, veremos que no hay repúblicas que tengan en su haber, tantas virtudes democráticas como la monarquía inglesa.

Un ejemplo claro de ello, es que la reina de Inglaterra puede vetar las leyes propuestas por la Cámara de los Lores, que representaban a los nobles, pero no las de los Comunes, porque éstos representan al pueblo.

En cambio, el veto presidencial en las actuales repúblicas europeas o americanas, constituye un rastro de autoritarismo o de tiranía..

Ni hablar de la República Francesa surgida de la Revolución, donde se cometieron los crímenes más horrendos en nombre de la democracia y de los derechos humanos. Aunque pocos repudian esa parte negra de la historia, porque hay quienes están interesados en justificar el terror que siguió al reinado de Luís XVI y María Antonieta, dos monarcas que amaban a su pueblo y murieron por no defenderse ni emplear armas en su contra.

Muy pocos historiadores han escrito la verdad sobre estos reyes, que fueron víctimas de actos criminales innecesarios, realizados por una Revolución que instauró con el nombre de República, una forma de gobierno tiránica, intolerante de las ideas, torturadora y despótica, que nunca representó los principios que dijo defender y por eso, jamás puede ser un ejemplo histórico, sino una vergüenza para la humanidad.

Como podemos apreciar, los valores democráticos, pueden encontrarse más en una monarquía que en una república ya que, históricamente, en la mayoría de las repúblicas, la democracia, sólo fue una palabra vacía.

Y hasta se habla del problema de la representación como algo imposible de practicar. Con lo cual disiento categóricamente, pues si no se practica la democracia es únicamente porque a nadie le conviene que eso ocurra.

Observemos a nuestro alrededor: ¿Quiénes defienden los intereses del pueblo? ¿Los diputados o senadores? ¿Los jefes de Estado? ¿Los partidos políticos? ¿La oposición? ¿Quiénes deciden sobre las cosas importantes? ¿Los ministros? ¿Quién los votó? ¿A usted le rinden cuenta de sus actos? ¿Cuándo? ¿Quiénes elaboran los proyectos de leyes? ¿Se tienen en cuenta las necesidades del pueblo? ¿En qué participa dentro del gobierno? ¿Y los decretos del presidente, son democráticos? ¿A quiénes representan los representantes? ¿A mí? ¿A usted? ¿Nos aseguran el orden, la educación, la Justicia?

Si usted se ha cansado de decir no, sin dudas, no vive en una república democrática. Porque la democracia, no se predica sino debe practicarse.

Precisamente, cuando más se pregona sobre ella, menos existe.

La CORRUPTOCRACIA, es un simulacro de la democracia, o mejor, una contradicción entre el discurso democrático y su ejercicio.

Observemos al Congreso en nuestro país. ¿Qué hacen sus integrantes? Simplemente, teatro. Porque los partidos políticos no debaten seriamente nada, sino comparten un show de presiones mutuas. Hasta que llegan a un arreglo.

Sí dije arreglo y no consenso, porque se trata de una negociación que tiene un precio, económico o de otra clase.

Es como un pacto, donde se dice "aprobamos esto pero queremos esto otro". Claro que no siempre es algo económico, porque puede tratarse de un trueque de leyes.

También el presidente puede vetar todo lo que contraríe a sus aspiraciones.

De este modo, el veto no es sólo un resto de autoritarismo, sino que también puede ser una amenaza. Aunque en cualquiera de los dos casos, es un acto dictatorial, un resabio no-republicano, aún cuando esté consagrado en la constitución. Porque como vimos en la monarquía inglesa, ni el rey podía vetar un proyecto de la Cámara de los Comunes.

Estos pactos entre legisladores, suceden entre "gallos y medianoche" es decir entre los cuartos intermedios, porque en la CORRUPTOCRACIA, no existe oposición seria, es decir, aquella que se hace con responsabilidad y criterio, sino que se monta un circo donde se simula una crítica a la que llaman "constructiva" y que en realidad es "obstructiva" o resulta "permisiva", según sea el reparto de "beneficios especiales".

En la corruptocracia, todo tiende a ser confuso porque hay que lograr que nadie entienda nada. Así es que se habla con palabras raras, a la "mafia" se la suele llamar "Aduana paralela". O a la discriminación carcelaria "pabellones de privilegio" o "fianza" a un modo rápido que tienen los ricos para evadir la pena.

Hay diferencias y privilegios que todavía subsisten en las repúblicas llamadas "democráticas".

En la corruptocracia, se inventan términos complicados para expresar algo simple, para que nadie pueda entender sobre lo que está ocurriendo en la economía, ni en la política, ni en los actos administrativos. Y en esa confusión de "río revuelto" salen ganando los pescadores, o mejor dicho, la '"casta política".

Y aquí aparece otra palabra de las que todos hablan y que es la causa de muchos males: la BUROCRACIA, que es necesaria para confundirlo todo y poner una barrera entre el poder y nosotros.

La burocracia, dice Rodolfo Livingston en uno de sus libros, confunde las cosas, con sus símbolos. ¿Y esto para qué? Para que nadie sepa lo que ocurre (principalmente en la administración pública.)

Así, la publicidad de los actos de gobierno tiene "privacidad estatal". Y por lo tanto, se hace muy difícil de entender. La información se guarda en computadoras y es muy fácil de borrar, modificar u ocultar. Pues con una tecla, pueden desaparecer instantáneamente, muchos datos.

Y me pregunto: ¿Los virus informáticos, se habrán cultivado en los laboratorios de la CIA?

Pero es mejor que no lo investiguemos, porque de pronto, se nos puede "caer el sistema"

La burocracia, según este autor, "consiste en confundir lo real, con los datos de la realidad. Creer que la estadística refleja la VERDAD. Creer, por ejemplo, que la Economía pasa por la estabilidad o por los índices de producción, de inversión, de exportación, etc.

Es como cuando una mujer va al ginecólogo y frente a una mamografía, el médico, en vez de decirle lo que ve en ella, le dice que tiene el 50% de posibilidades de tener cáncer, basándose en las estadísticas.

El burócrata, confunde la estadística con el cáncer mismo. La burocracia forma como una barrera de empleados públicos de distinta jerarquía, para atajar los penales que puedan llegar al arco, es decir, al poder. Y de este modo, se nos impide fiscalizar a la Administración pública. Si no lo cree, intente solicitar un informe, haga un expediente o recurra a los tribunales.

¿Les causó gracia? Entonces usted no está viviendo en una república democrática, aunque se lo repitan todos los días.

Pero analicemos otra palabra compuesta:

PARTIDOCRACIA (y tal vez, lleguemos a saber cuál es nuestro sistema político)

Y como es fácil de deducir, esta palabra significa que el poder no está en una persona, sino en un partido político que se interpone entre el pueblo y el gobernante elegido.

En este sistema, los legisladores no responden ni votan según lo que el pueblo les reclama, sino según lo que el partido les manda a votar. Para hacerlo simple, es lo que se llama "votar en bloque" o como dicen algunos, "mano de yeso".

Cualquiera puede darse cuenta, de que ni el bloque ni el yeso, figuraban en los planes de los votantes, que tanto se preocuparon por saber quiénes eran los de la lista que pretendían votar, que aunque fuera sábana, representaba a claras individualidades.

Y me pregunto: ¿Tiene alguna importancia si la lista es o no sábana, cuando se vota de ese modo? ¿A alguien le puede importar quién es el legislador, si sólo debe levantar la mano para obedecer al partido, que se mueve según la voluntad de unos pocos que lo manejan? Lo mismo daría si fueran monos entrenados para levantar la mano o apretar un botón.

En la partidocracia, no es necesario tener tantos diputados y senadores, sino que haría falta sólo uno, que pudiera representar al bloque por el porcentual que obtuvo su partido en la votación. Así, el diputado único, de tal o cual partido, votaría con un valor de representación del 51% o del 30%, por ejemplo, según el porcentual de votos obtenidos. ¿Qué les parece? Pienso que de esta forma, se achicarían los gastos de administración del Estado.

Esto es así, porque la partidocracia no es democracia, porque los partidos no representan al pueblo sino a sus afiliados, que suelen ser escasos o insuficientes para representar al pueblo. Diría que son como una especie de club, donde apenas una mínima parte del pueblo participa. Por eso, no creo en ninguna lista realizada a dedo por el partido, ya sea sábana o no. Porque sabemos que la sábana no es democrática porque no surge de una votación popular primaria donde el pueblo pueda elegir con transparencia a los candidatos, que en un número no menor de 20 por cada cargo, garanticen que no serán digitados por el poder, porque convengamos que "el dedo", tampoco es democrático.

Creo que lo que realmente nos garantiza la independencia del poder legislativo, no es que conozcamos o no a los integrantes de la lista, sino que esos candidatos no hayan sido puestos por el poder ejecutivo ni por los partidos políticos.

Y hay una sola manera de hacerlo, y es por medio del SORTEO, porque es lo más democrático que siempre existió. ¿Que no se puede? Veamos: Supongamos que hay un listado donde se anoten los afiliados de un determinado partido, que desean ser elegidos parlamentarios y que responden a los requisitos que se exigen para su postulación, por ejemplo, tener el secundario completo, certificado de buena conducta, etc. Y que en la lista para presidente y vice, se puedan presentar cinco candidatos diferentes, propuestos por cada partido y otros 15 sorteados del padrón de afiliados y que reúnen los requisitos requeridos. Entonces, los afiliados a ese partido podrían votar por alguno de ellos, teniendo en cuenta el currículum de cada uno. Y de allí va a resultar un candidato para el poder ejecutivo, propuesto por un partido. En el poder legislativo se debería proceder de otra manera, porque es el poder de control del ejecutivo y no debe pertenecer a los partidos sino al pueblo. El sorteo debería hacerse de un padrón de personas que se auto proponen para el cargo sin tener en cuenta a qué partido pertenecen, pero que tengan el secundario completo y que reúnan ciertos requisitos, de edad, buena conducta, etc.

Este sería un parlamento no dirigido por intereses sectoriales. Habría un padrón general para sortear por el documento de identidad.

Y así, cualquier interesado podría salir sorteado para ocupar una banca en el Parlamento, que tendría una Cámara y no dos, porque como veremos, hoy no tiene sentido.

De esta forma, se lograrían representantes auténticos del pueblo y no de los partidos. Además, serviría de gran estímulo para que los jóvenes quisieran obtener el título secundario y eso evitaría que algunos se eternicen en la función pública o que vivan a sus expensas, además de evitar las presiones del poder internacional y las fórmulas extranjeras de "desarrollo", que debemos soportar los países no colonialistas.

Porque el colonialismo globalizado, siempre pacta con dirigentes de los partidos políticos y es por eso, que sus diputados o senadores votan en bloque para favorecerlos, aún en contra de los intereses del pueblo. (Ej: ley de flexibilización laboral)

Y algo muy importante. En cada acto eleccionario, también deberían sortearse los jueces, desde un padrón formado por todos los que hayan rendido un examen que los habilite para ejercer esa magistratura. Porque no nos olvidemos que el Poder Judicial, es un poder del Estado que también se eterniza en el cargo, formando una especie de poder absoluto e inamovible que no es propio de una república, sino de una monarquía. Así, evitaríamos jueces adictos a determinados gobiernos o ideologías, ya que deberían ser reemplazados periódicamente, como los otros poderes.

Es curioso que quienes tanto hablan de la "alternancia democrática" en referencia al Poder Ejecutivo, nunca se refirieron a la de los otros dos poderes de gobierno, cuya función es específica, ya se trate de legisladores o de jueces y que para ser independientes del Ejecutivo no deberían ser cargos electivos, sino como dije, deberían surgir del sorteo.

Veamos: ¿Cómo trabaja hoy el parlamento? ¿Es independiente del Poder ejecutivo? No, no sólo que no lo es, sino que tampoco lo es respecto de los partidos políticos, que dirigen las acciones y decisiones de los parlamentarios, que los representan. El Poder Legislativo en una democracia, debe representar al pueblo, no a los partidos. Pero, lamentablemente, eso no sucede en las repúblicas del siglo XXI, por el contrario, algunos propician la alternancia obligatoria para el Poder Ejecutivo, cuando eso significaría proscripción electoral, porque es el único poder que tendría que poder ser reelegido permanentemente   y en forma directa.

Es decir, que si queremos reelegir al mismo presidente, tenemos que poder hacerlo libremente. Quienes dicen que la alternancia del Ejecutivo garantiza la república democrática, no saben de qué están hablando, porque si damos un vistazo a la historia de los EEUU, o a nuestra historia reciente, vamos a ver la cantidad de presidentes que se sucedieron con "alternancia" y sin embargo, esto no nos garantizó nada, porque casi todos, como en estos años lo hicieron Alfonsín, Menem, Duhalde y De la Rúa, hicieron todo lo contrario a lo que prometieron y llevaron al país a la ruina en un solo mandato La única forma democrática sería permitir la reelección del presidente, indefinidamente, con la posibilidad de un plebiscito revocatorio.

Pero volvamos a los sorteos, que por supuesto, ningún político va a querer aceptar, pero que podría implementarse reformando la Constitución por iniciativa popular. Y por supuesto, también deberían otorgarse por sorteo, los empleos públicos, creando un padrón de personas que reúnen ciertas condiciones para cada tipo de empleo. Es fácil. ¿Verdad?

La publicidad oficial para los medios, también debería sortearse. Sí, señores porque el sorteo es el procedimiento más democrático de la república.

Como vemos, no nos hace falta mucha inteligencia, para entender a la política ni a la democracia, ya que la verdad, no está en los libros, ni en los periódicos, ni en los medios radiales ni televisivos, ni en las aulas, ni siquiera en nuestra Constitución, que tiene mucho para reformularse.

Pero vamos a encontrar a muchos interesados en que nada cambie, porque esas constituciones antiguas no hacen más que favorecer los intereses de los más pudientes y ellos se encargan de hablar de ellas como si fuera la Biblia. De allí que se insista en que en ellas, hay principios pétreos e inamovibles, pero el interés que tienen es de otra clase.

Alguien dijo, sabiamente, que "la cultura es lo que queda después de olvidar lo que aprendimos".

Traduciendo esto, podríamos llegar a la conclusión de que sólo se conoce la verdad cuando no hay influencias foráneas, o sea, cuando la deducimos lógicamente.

A este razonamiento, lo puede hacer cualquiera, incluso "Doña Rosa", tal como hubiera dicho Bernardo Neustad, dirigiéndose despectivamente a las mujeres. Si alguien no conoció a este pseudo periodista, no se ha perdido mucho, porque fue un cabildero político, pagado por los servicios norteamericanos, que logró engañar a los argentinos desde canales de TV. con intereses poco claros. (Como hoy lo hacen Pablo Rossi y Grondona)

Por eso, en política, la única forma de llegar a una conclusión cierta, es razonando.

Pues como dijo otro sabio: "los libros sirven para que podamos diferenciar lo verdadero de lo falso que hay en ellos".

Y esto sucede porque todos los hechos históricos y políticos, fueron contados por hombres que nunca fueron imparciales, sino que estaban de un lado o del otro. Y es por eso, que existe una historia y un reverso. Y siempre hay, por lo menos dos versiones contrapuestas, frente a una aparente "verdad".

La mal llamada "ciencia política", se basa en el pasado

y se proyecta hacia el futuro, ayudada por la demagogia. De allí el dicho popular que dice: "hay que oír todas las campanas"

Jorge Ledesma en su libro: "Yo acuso al invasor" nos dice: " este libro está dedicado a la verdad, no quiero saber nada con la cultura" y lo que quería significar era que la historia tiene un valor relativo, porque trasciende a través de los escritos y los medios de difusión y estos se basan en versiones parciales de los sucesos. Y la sociedad se nutre de esas deformaciones y a todo eso, lo llaman "cultura".

Pero de ninguna manera quiero decir que la historia es relativa, todo lo contrario, la historia es una y como tal, es verdadera. Y agrega el autor: "...son las versiones contadas de la historia las que son parciales y a veces, mentirosas".

Vayamos a algunos ejemplos de esas alteraciones que sufrieron los hechos en los textos y en versiones catedráticas.

Por ejemplo: a los argentinos se nos impuso la cultura europea. Y como dice Ledesma " se nos hizo planchar raya en los pantalones (al estilo de Eduardo VII) nos preparamos comida italiana, leemos autores franceses y tomamos café, en pocillos con platitos, como los príncipes de la corte de Mademoiselle de Valois. Y fue esa cultura la que violó, ultrajó y aniquiló a nuestra raza americana".

Pero es raro que esto se diga o se encuentre en algún texto, porque los autores que leemos son europeos y hasta los próceres argentinos, fueron educados allá, bajo su influencia. Y si no, veamos a nuestros hombres ilustres. ¿Dónde estudiaban? En España o Francia.

Y por eso, nosotros "festejamos" los 500 años del "Descubrimiento". Así llamaron ellos al hecho de haber encontrado una civilización superior a la suya en estas tierras. Pero en fin, como si hubiéramos sido una isla, nos "descubrieron" y se apoderaron de todas nuestras mujeres, niños, jóvenes y ancianos. Y hasta nos hicieron comer el polvo de nuestra propia tierra.

Y a eso, como dice Jorge Ledesma, ellos lo llamaron "evangelización", palabra de estilo para decir que nos impusieron un Dios con violencia criminal y nos robaron todo. Como dice el autor en la obra citada: "si alguien entrara a tu casa por la fuerza, quemara tus libros, rompiera tus imágenes sagradas y queridas, violara a tu mujer, a tus hijas y asesinara tus parientes. ¿Pensarías que vino a civilizarte?

Así es como los textos deforman la verdad histórica y al "criminal" lo llamaron "colonizador".

Y todavía, se pretendía que el indio se sintiera agradecido por todo eso.

Noventa millones de seres humanos fueron sacrificados por la barbarie de la Conquista, en el genocidio mayor de la historia".

Recordemos que la Iglesia nos trajo la Inquisición a estas tierras y por lo tanto es la principal responsable de esos crímenes. Pero pregona el perdón, el olvido y nos hace festejar los crímenes del pasado a favor del porvenir y de las relaciones internacionales. ¿Pero está arrepentida? No, sin dudas que no. Y aún se habla de la "necesidad" de la Evangelización y en sus textos siguen tratándonos como bárbaros.

Como dice Ledesma, los libros no dicen que la Iglesia Católica, para salvar a Atahualpa de la hoguera -acusado de hereje por no compartir su Dios- lo obligó a bautizarse y ya libre de pecados, lo ahorcaron.

En las clases de catequesis, esto no se menciona. ¿No sería un buen ejemplo, mostrar arrepentimiento cristiano?

Asimismo, cuando por bula papal de Paulo III (1537) se le otorgó alma a los indios. (Sí, leyó bien, porque antes no la tenían.) Fijó como plazo máximo a los tormentos y torturas, el de una hora. Y por ese acto de "piedad", es que a la joven limeña Menda de Luna, la descuartizaron sólo en tres cuartos de hora.

Y dice el autor citado: "si leyéramos a Voltaire, en el tomo II y III del diccionario Filosófico, vamos a ver que a pesar de ser Europeo, nos brinda datos interesantes sobre este tema.

¡Hay, si los indios pudieran contar su versión de la historia! Pero ellos se encargaron de cortarles la lengua. A Tupac Amaruc, antes de degollarlo, se la cortaron y además colgaron su cabeza a la entrada de Cuzco. Ésta era la forma civilizada de imponer Justicia a los "no civilizados".

De allí que "El Renacimiento" esté tan descalificado moralmente, porque Europa floreció en las artes gracias al saqueo y a los crímenes contra los nativos indígenas. Y los europeos pudieron comer en platos de oro y decorar artísticamente sus iglesias, que hoy sirven de promoción al turismo.

Por eso, si alguna vez va de paseo por Europa, quiero que recuerde que cada obra de arte, fue pagada con la sangre americana de 90 millones de seres humanos."

Recuerdo que cuando estudiábamos en la escuela "el Renacimiento" nunca nos contaron nada de esto. Ni lo leímos en ninguno de los libros que nos recomendaban para la materia. Y esto es así, porque quienes escriben los textos son los vencedores. En cambio, los perdedores no están o están más ocupados en matar el hambre y no tienen voz ni voto, en el parlamento de la Historia.

Por eso, para mí la historia no es una ciencia, no está basada en la investigación, sino en un cúmulo de mentiras que deben ser investigadas.

REPÚBLICA y DEMOCRACIA

Debemos sacarnos la idea de que estas palabras significan lo mismo, porque esto nos llevaría al error de considerar a toda república como democrática y excluiría a la Monarquía de poder serlo.

Ya vimos en Grecia, que las llamadas repúblicas nunca fueron democráticas. Porque no hay que confundir el simple acto eleccionario con la democracia. Porque ella es una práctica constante.

En la Edad Media y el Renacimiento, las repúblicas fueron aristocráticas, en las que el poder pertenecía a las clases altas, no al pueblo. Eran lo que hoy se llama "plutocracia".

Carlos Puyuelo. Salinas en la obra citada, dice: "…En la monarquía inglesa y en los países escandinavos, podemos vislumbrar más participación del pueblo que en las tan ponderadas repúblicas del mundo, entre las que se encuentran las repúblicas comunistas.

En Europa sólo aparecen dos formas de gobierno, que pueden ser consideradas repúblicas y que formaron la Confederación Helvética y fueron las Provincias Unidas de Holanda y los cantones Suizos. Estos últimos, surgen del pacto de 1921.

En algunos cantones, predominaba el carácter aristocrático, en otros, el corporativo y hasta hubo algunos que fueron considerados como democracias primarias o directas. Muchos hablan de que allí apareció la democracia institucionalizada, precisamente, en la asamblea de vecinos de Langemeinde, donde se decidía sobre problemas políticos.

Pero resulta que tenían voto únicamente los hombres libres, que eran minoría y tal como sucedía en Grecia, la democracia existía para un pequeño sector y no para todo el pueblo.

Cabe decir aquí, que la democracia directa no era privativa de los cantones suizos, sino que era práctica de otros países que tenían como forma de gobierno a la Monarquía.

Así, en Francia y en España, funcionaban las libertades municipales, en forma semejante a la que existían en estos cantones, que hicieron gala de virtudes cívicas mucho antes de que se aparecieran las ideas de la Revolución Francesa.

Sin embargo, en esas asambleas populares el pueblo decidía en un acto pasional del momento, bajo la influencia del orador o caudillo. Pero ese tipo de decisiones no garantizaba un acto democrático libre.

En estos casos, la influencia del orador, que estudiaba actuación, llevaba al pueblo a cometer errores insalvables (….)"

Por eso, existe hoy la veda propagandística, que debemos guardar antes del acto eleccionario. Y esto no es absurdo, sino que sirve para calmar las pasiones encendidas por la demagogia y la influencia del discurso político.

El acto electivo debería ser meditado, analizado fríamente y esto no ocurría en los cantones suizos, ni en Grecia, donde los pocos que tenían derecho al voto, decidían "en caliente " según lo que les inspiraban los discursos.

El pueblo se dejaba llevar más por la calidad de la oratoria, que por el contenido del discurso y esto favorecía a la demagogia.

Por eso es falso creer que esa democracia directa era la ideal y tampoco abarcaba a todos los ciudadanos, ni a los dos sexos.

Otro error, es creer que la democracia implica pluripartidismo. Ya que hoy por hoy y como podemos observar en nuestro país, hay distintos partidos como U.C.R. Justicialismo, etc., que representan las mismas ideas y a los intereses neoliberales, como ahora se llama al "Imperialismo", que pretende apoderarse del mundo. Esos partidos, en realidad, no forman una pluralidad política sino que forman una especie de interna neoliberal. Es decir, son candidatos diferentes del mismo plan de dominio.(Eso ocurre en EEUU)

Porque cuando en la "arena política" no se debaten las ideas, sino que se ofrecen distintas caras de la misma moneda, para hacer "más de lo mismo", no existe el pluri-partidismo, por más candidatos o boletas que nos muestren en el cuarto oscuro.

Así, el neoliberalismo se asegura el triunfo electoral, pues cualquiera de los candidatos que gane, representa a la misma política colonialista.

No hay democracia sin la participación del pueblo en los actos de gobierno y sin que estos se hagan públicos o se den a conocer. Tampoco puede haberla cuando un presidente gobierna a través de decretos o cuando todos los proyectos de leyes provienen del Poder Ejecutivo.

¿Acaso se tiene en cuenta lo que el pueblo reclama? ¿De qué participación hablan quienes hacen lo contrario al sentir popular?

Alguien dijo alguna vez, que a la política de un país se

la podía fotografiar. Y tenía razón. Como también se puede fotografiar el sentir popular, cuando retratamos la cara de la gente.

Y si no lo cree, bastará con mirar una fotografía de los refugiados de Ruanda o de los afectados por la pobreza de tantos lugares del mundo. Hace poco alguien hablaba en contra de los subsidios a la niñez y yo simplemente, mientras hablaba le puse delante de los ojos esta foto y enseguida hizo silencio:

La realidad se puede reflejar en una cinta de celuloide o con una cámara de video. Y esto no es un descubrimiento. Pero a veces, estas mismas técnicas, que sirven para reflejar la verdad, también se usaron para engañarnos, en los medios de comunicación pro-colonialistas, que hoy son monopolios instalados en el mundo entero para deformar la realidad.

Recordemos la primera guerra televisiva entre Irak y EEUU llamada con título de película "La Guerra del Golfo", que luego continuó con "Tormenta del Desierto". ¿La recuerdan?

Aparecieron en TV unos patos cubiertos de petróleo

con que pretendían culpar a   Saddam Hussein de un derrame de petróleo que tenía carácter terrorista, pero resulta que los animalitos resultaron ser de otro rodaje, que ya todos habíamos visto antes a esos mismos patitos, cuando un buque derramó su contenido de hidrocarburos en el mar.

Diría mi abuela: "Las mentiras tienen patas cortas"

Recuerdo que esta "película" armada que se llamó "Guerra del Golfo" tuvo ensayos previos en Panamá cuando las tropas de ese "país ejemplar", por los modos de respetar los derechos humanos de los pueblos, se lanzó a invadir el territorio panameño, tan sólo para probar la efectividad del "cerrojo a la prensa" y la contundencia del ataque con nuevas armas, antes de lanzarse sobre Irak.

Este   sistema   perverso   de   deformaciones   y falsificaciones de imágenes, nunca estuvo al servicio de la verdad, sino todo lo contrario. Porque se muestra al mundo a través del cine, la televisión y los libros, una historia tergiversada de los hechos.

Así ocurrió con el "Viaje a la luna" televisado para el mundo. Todo una farsa. Por medio de películas, se nos quiere hacer creer que Estados Unidos es como un paraíso, con ciudadanos llenos de virtudes, se nos muestra al FBI. como a la mejor policía del mundo, a su presidente como un honorable demócrata y amante de la libertad, cuando en realidad es un verdadero monigote dominado por la CIA, que es donde reside el verdadero poder de los grupos multinacionales que dominan al resto del mundo, incluido al mismo pueblo de ese país del Norte.

Estoy casi segura que un día nos levantaremos y por la televisión de todo el mundo, se nos hará creer que nos han invadido los extraterrestres. Y entonces surgirá la necesidad imperiosa de crear algún organismo internacional para la defensa el planeta tierra. Ese día, el mundo tendrá un amo, pero terrestre.

Así es como la política, se convierte en algo que provoca la repulsión ciudadana, pero que a pesar de ello, no podemos dejar de tener en cuenta, porque de ella depende nuestro futuro. Y con eso, no se juega.

Por eso, ya no debemos votar como fanáticos de algún partido, sino con la mente puesta en lo que nos sucederá mañana. Olvidemos a los partidos políticos, porque en realidad no importan, pues en realidad, hay sólo dos maneras de hacer política y por lo tanto, los partidos son ideológicamente, sólo dos, sin importar los diferentes nombres que tengan.

La ideología más usada y difundida en el mundo es la que somete a los pobres, a los niños, a los ancianos y a las mujeres. Pone en práctica el sometimiento y la explotación del hombre por el hombre mismo.

La otra, es la ideología de la rebeldía, de la lucha por el equilibrio y la integración social de los pobres, ancianos, niños y mujeres.

Los primeros buscan mano de obra barata, para seguir acumulando riquezas, sin que le importe el deterioro del planeta ni los derechos humanos.

Los segundos, buscan salir de su miseria a través de la educación, el trabajo, respetando los derechos humanos de las mujeres, de los niños, de los ancianos y de los pobres, promoviendo el cuidado del planeta y de la salud. Aún cuando deban lograrlo por las armas.

Eso es lo que se llama la derecha y la izquierda, respectivamente.

En este contexto, los partidos del centro no existen ni existieron jamás. La centro derecha y la centro izquierda, son sólo caretas, para disfrazarse de moderada derecha o disimulada izquierda. El centro no puede sustentar una ideología, porque las posturas de derecha e izquierda son irreconciliables entre sí y se está con una cosa o con la otra.

No se puede buscar la igualdad entre los hombres y a la vez pretender explotarlos.

Quien pretenda decir que Juan Perón, tenía una política de centro, se equivoca, aún cuando él mismo lo declamaba.

Porque dejando de lado sus éxitos o fracasos, el Justicialismo fue con Eva Perón, un partido netamente de izquierda, que después de su muerte se convirtió en un partido de derecha, con hombres como Carlos Menem o Eduardo Duhalde, y que vuelve a girar a la izquierda con Néstor y Cristina Kirchner, más allá de que aprobemos o no su gestión de gobierno.

Porque para identificar si un partido es de derecha o de izquierda, sólo hay que ver a quienes favorecen sus políticas y quienes son los que se oponen. O con qué países están alineados.

Es fácil y nunca nos equivocaremos. Sólo tenemos que decidir en qué vereda nos vamos a ubicar nosotros para votar. Recordando siempre tres cosas. En una vereda están los ricos y poderosos, es decir, la oligarquía y en la otra, está el pueblo trabajador al que pretenden explotar en beneficio propio. Por último, recordar que el centro es una mentira, una trampa en la que pretenden hacerte caer. Es algo así como un baile de disfraces. ¿Se entiende?

Nadie ignora que los políticos de derecha van a asesorarse a los Estados Unidos, no sólo sobre cómo representar su política, sino sobre cómo cortarse el pelo, qué trajes usar, cómo reírse, pararse, caminar, jugar al tenis y cómo hacerse una cirugía estética, para ser más "presidenciables". Recordemos el trabajo estético que se hizo hacer el ministro Casella en la dentadura, la operación estética de Fernández Meijide, la picadura de abeja de Carlos Menem, entre otros eventos quirúrgicos. (Aclaro que no estoy contra las cirugías estéticas)

También el teatro, es una materia que todos deben aprobar para entrar en la "escena" política.

Por supuesto, todos concurren a la misma escuela de arte y hasta tienen el mismo sastre. Pero lo más notable, es que se defienden mutuamente, como fieras ante el menor intento desestabilizador, porque eso significaría quedarse sin trabajo.

¿Acaso han visto alguna vez, que alguno de ellos perdiera el empleo o estuviera desocupado en la Argentina de principios de siglo?

LA REPÚBLICA INGLESA

A la muerte de Isabel Tudor se inician roces con el parlamento, lo que se acrecienta con Carlos I.

Esto terminó en una Revolución que llevó a abolir la Monarquía y al mismo parlamento para instaurar una dictadura. El rey fue procesado y condenado a muerte. El pueblo inglés, pretende defenderlo, pero es reprimido. Pero el pueblo jamás repudió a la monarquía, sino que quería la proclamación de otro rey.

En el período de la república inglesa, se sublevaron los príncipes de Gales, de Escocia y de Irlanda. También Drogheda fue saqueada y sus habitantes fueron perseguidos, en uno de los hechos más horribles de su historia. La sangre corría por las calles, los católicos eran asesinados. Una terrible matanza que generó el odio entre Escocia e Inglaterra.

Entonces se instauró la dictadura más horrenda, pero a ella se le llamó, curiosamente, "República".

Hasta que un general escocés, llamado Monck, se sublevó y restauró la monarquía y con ella las libertades, que la república no supo respetar.

Y el pueblo inglés, nunca quiso recordar las experiencias republicanas de ese tiempo.

REPÚBLICA FRANCESA

Una vez terminada la Revolución Francesa, se instauró lo que se conoce como el "GRAN PÁNICO" y que fue una anarquía que siguió a la convocatoria de la Convención Francesa, que instauró el terror como forma de gobierno, que se caracterizó por la violencia, la intolerancia y el ateísmo.

Si bien las ideas inspiradoras habían sido las de Rouseau, que en su famoso "Contrato Social" afirmaba que el poder residía en el pueblo, esta república no representaba lo que el pueblo quería, pues nunca había pasado por ninguna cabeza, la idea de abolir la monarquía. Pero en fin, la república francesa proclamó la libertad, la igualdad, y la fraternidad, aunque no hizo más que escribirlos en la Constitución y luego suprimirlos mediante leyes especiales que suspendían esos derechos.

Sus primeras víctimas, fueron los reyes y los nobles. Luego los sacerdotes, los realistas y por último, los mismos revolucionarios. La guillotina no dejó de funcionar. Se vaciaban cárceles, luego se volvían a llenar y la matanza continuaba sin cesar.

Perecieron hombres, mujeres y niños, de todos los sectores. Y para ganar tiempo al ejecutarlos, se recurrió a las NOYADES, unos barcos inmensos a los que hundían en el mar, cargados de opositores.

ROBESPIERRE, ejerció la dictadura más cruel sobre Francia. El era un abogado, empolvado, afeminado, pedante, frío y cruel. Puede decirse que fue el personaje más repugnante de la historia francesa, como dice Carlos Puyuelo Salinas, en su obra, donde agrega: "Los templos católicos fueron destruidos y profanados. Y decretó el culto a la razón como única religión de Francia. Los niños pasaron a ser controlados por Estado y debían aprender a leer, a escribir, a nadar y a usar las armas, después de cierta edad. Pero Robespierre, cometió el error más grande de su vida, cuando decretó que se podían enjuiciar a los diputados y eso desató una conspiración que terminó con su vida, en la guillotina".

Como vemos, también en Francia los diputados eran una casta "intocable". Y la llamada "república", no era más que un régimen de terror.

Caído el tirano, comenzó la segunda república, donde se nombraron a cinco directores y como presidente a Barrás, un inmoral que realizó una serie de actos corruptos. Allí se compra, se vende, se intriga, se busca influencia, se logran fortunas.

Tal era la decepción de la gente por esa "república" hipócrita y mentirosa, que el electorado llegó a ser la décima parte del pueblo.

Carlos P Salinas dice que cuando Napoleón instaura una nueva monarquía, Francia prospera pero un nuevo motín trae lo que se dio en llamar la "tercera República", de la mano de hombres como Lamartine y de socialistas como Luís Blanc, que no tardarían en enfrentarse. Se produjeron nuevas muertes, se deshizo el partido socialista y se prohibieron sus periódicos.

Vemos que, como dice Renán: "La fatalidad de la República es provocar la anarquía y al mismo tiempo, reprimirla."

Por decisión de la asamblea, al presidente se lo elegía por voto universal. Y como el pueblo, era anti-republicano ganó el candidato monárquico, que fue Luís Napoleón, quien pronto se declaró emperador y terminó con la pseudo-república.

En 1871 se efectuaron elecciones y la Asamblea resultante tenía mayoría monárquica.

Pero paradójicamente, se termina instaurando otra república, donde el presidente se elige por voto indirecto. (Nueva Constitución de 1874)

En este nuevo intento de república, se separa la Iglesia del Estado y por esa causa son perseguidos los católicos y comienzan las intrigas, la agitación anti-religiosa, el descalabro financiero.

Así ocurrió el asunto Wilson y siguió el affaire de Stawinsky y luego, el del canal de Panamá. El primero de ellos, mostró la corrupción de políticos y jueces. El pueblo estalló en violencias y rebeldías y asaltó la Cámara de Diputados al grito dé: ¡Abajo los ladrones!

La cuarta república reprimió al pueblo, como nunca lo hizo la monarquía francesa y muchos muertos quedaron en las calles.

En la guerra de Hitler fue tomada París y un nuevo dictador, el mariscal Petain, asumió con plenos poderes para preparar la defensa. Así termina esta forma de gobierno, que de república no tenía nada.

Una vez libre, Francia tuvo un gobierno provisional donde el Gral. De Gaulle, le pide a la Asamblea

Constituyente, que se le amplíen sus poderes.

De esto surge un Referéndum, donde la Asamblea logra los mayores poderes y no el Presidente.

Con la quinta república, después de dictada la nueva Constitución, se robustece el poder del presidente y recién se logran mayores poderes, como también, que se lo elija en forma directa.

Como corolario de todos estos intentos por lograr una república verdadera que, por supuesto, no se logró en Francia, porque el pueblo era más una víctima que otra cosa, podemos decir, sin temor a equivocarnos que aún no se ha logrado demostrar al mundo, que la república francesa tuviera más virtudes que la monarquía, ni que fuera más democrática que ésta.

Como bien lo dice Carlos P. Salinas, en esa obra que todos deberíamos leer y que se llama "La República y la Monarquía", los presidentes franceses, con la sola excepción de Pointoare y M. Coty, fueron mediocres e inferiores a los reyes. Todos ellos, fueron hombres sin ninguna relevancia en la historia de Francia.

Por eso, no es cierto que un gobierno surgido de elecciones, nos brinde garantías de eficiencia, de orden, de participación popular, de libertad, de transparencia y publicidad en sus actos, sino que muchas veces, parece todo lo contrario, porque fueron los reyes quienes permitieron la entrada del pueblo a los palacios, para que vieran cómo ellos cascaban el huevo o cómo realizaban sus tareas, los deportes, etc. porque los monarcas, consideraban que la casa del rey era la casa de todos.

Ningún rey francés reprimió a su pueblo, ni siquiera cuando invadieron el palacio de Versalles, siendo que la guardia real pudo haberlo hecho. Tal era el concepto de los monarcas acerca de que el pueblo- a quien ellos representaban, tenía derechos a conocer todos sus actos y también a derrocarlos.

Carlos Puyuelo Salinas, en su obra, cuenta que "…María Antonieta, cuando dio a luz a uno de sus hijos, pidió que rompieran un vidrio de su habitación por la cantidad de gente que ocupaba la sala y que le quitaba el aire. Una verdadera multitud, ocupaba el palacio, los jardines y las escaleras. Todos querían presenciar el parto, ya que los monarcas no debían ocultar nada."

Algo muy distinto de lo que vemos en la actualidad de nuestras repúblicas, cuando en Argentina de 1997, estando de presidente Carlos Menem, es reprimida ferozmente una manifestación de maestros de Río Negro, que cortaba una ruta nacional.

Actuaron fuerzas conjuntas de gendarmería nacional y la policía provincial. (Cabe aclarar que los maestros estaban desarmados). De este bochornoso accionar, resultó muerta una persona del sexo femenino y numerosos heridos. Los niños eran levantados en camionetas por policías y llevados a la comisaría, ante el asombro del país. Teníamos un estado que gastaba más en armamentos anti-tumultos y medios de represión, que en salud, educación y seguridad para los ciudadanos.

Y aclaro esto, porque no es lo mismo la seguridad que tenemos los ciudadanos que la de los políticos, ya que éstos tienen la policía a su disposición, hasta en sus domicilios particulares. Por esa razón, se han puesto de moda los barrios cerrados, llamados "country", donde los más pudientes están más seguros que el resto, pues gozan del privilegio de que sus calles no son públicas, como las del resto de la población.

Pero ¿Quién protege a la gente común, que vive como

Dios manda, en las ciudades de calles abiertas?

Las clases altas tampoco tienen ese problema, porque hacen custodiar a su familia con guardaespaldas armados, pero la gente común está librada a su suerte, porque la policía, con sus escasos recursos y medios, no puede garantizar la seguridad, a pesar de tantos impuestos que nos hacen pagar.

Por eso digo, que la corruptocracia, es el sistema político más caro del mundo que protege sólo a los ricos, mientras que los ciudadanos comunes que trabajan para subsistir, son aplastados por los dos polos opuestos. O sea, el que forman los "ricos e influyentes", que con los impuestos que nos cobran se solventan todos los lujos de su buena vida, y otro el formado por aquellos "que delinquen" contra los ciudadanos comunes y que son los menos protegidos del sistema.

Se trata de una guerra, donde el pobre, a la larga o a la corta, perece. Y entre ambos fuegos, siempre está el pueblo trabajador.

La artillería moderna de esta contienda la forman: el hambre, las enfermedades, las represiones, etc. Pero claro, nadie se da cuenta de que esto es un arma de guerra. Los noticieros no dan partes de la acción, ni muestran la verdadera dimensión de estas batallas, tampoco hay listas de muertos ni de heridos.

Hay indiferencia por conocer las causas de estos problemas sociales y lo peor, es que nadie se siente culpable, ni responsable.

La clase alta florea sus lujos frente a los miserables y necesitados y éstos se rebelan, tratando de hacer justicia por mano propia y de quitarles algo de lo mucho que tienen. Y en estas batallas quedan heridos y muertos en ambos bandos.

Sin embargo, a pesar de que los ladrones y criminales existen en ambas clases sociales y más aún en las altas, sólo quedan en la cárcel los delincuentes pobres, porque si bien todos sabemos que la explotación del hombre es también un robo, aún no tiene pena en una Justicia que favorece a los ricos.

Pero hay quienes no pueden esperar. Un anciano con magra jubilación y que no puede hacer un juicio al estado para reclamar lo suyo, no tiene tiempo para esperar. Un niño pobre internado gravemente y sin recursos, tampoco.

Y cuando votamos, todos somos responsables de esto.

¿Pero acaso, lo sentimos así?

Tal vez, para justificarnos pensamos que al votar transferimos la responsabilidad en el gobernante y listo, ya nos desligamos del asunto. O preferimos pensar que siempre los presidentes son presionados desde el exterior y no tienen opciones reales de gobernar a favor del pueblo.

Y cuando los ciudadanos no estamos de acuerdo con ninguno de los candidatos, como seguramente nos ocurrió la mayoría de las veces, optamos por el "mal menor" y decimos que no tenemos otra opción y nos cruzamos de brazo hasta la próxima elección.

Cuántas veces dijimos, no me gusta ningún candidato pero qué voy a hacer, votaré por el que me parece menos malo.

Y es allí cuando caemos en la trampa.

Porque en una verdadera democracia, deberían poder expresarse todas las posturas.

Y así como existe el voto positivo, que le permite asumir a un candidato, debería existir el voto de rechazo, que signifique no estar de acuerdo con ninguno de los postulantes.

Pero no me refiero al voto en blanco que no se contabiliza, sino a un voto que tenga valor electoral y se cuenten con sus porcentajes.

Recordemos lo que pasó cuando ganaron los votos en blanco y Arturo Illia fue presidente con el 23% de los sufragio. Simplemente, no fueron considerados como votos de rechazo, sino por el contrario, le permitieron asumir a la minoría.(y esto sin criticar a Illia, como presidente)

Lo que en realidad tendría que ocurrir, es que frente a una mayoría de votos de rechazo, se deberían cambiar todos los candidatos que se presentaron a la elección y elegir otros en cada partido. Eso mismo, ocurre en Colombia donde el voto en blanco es una forma de participación electoral que es tan válida, como apoyar a un candidato o a un partido (voto positivo). Su valor radica en la importancia jurídica que le otorga la Ley, que en el caso de la legislación colombiana es decisiva y está conceptuado como un factor que puede forzar a la repetición de la votación, como contempla el artículo 258 de la Constitución Colombiana. Dicho artículo aclara que cuando los votos en blanco constituyan la mayoría del total de votos válidos de una votación para elegir los miembros de una corporación pública, gobernador, alcalde o la primera vuelta en las elecciones presidenciales, la elección debe repetirse por una sola vez. En el caso de las elecciones unipersonales (gobernador, alcalde, Presidente en primera vuelta) no podrán presentarse los mismos candidatos, mientras que en las elecciones a corporaciones públicas no se podrán presentar las listas que no hayan alcanzado el umbral mínimo de votación. La Reforma Política aprobada en junio de 2009 amplió los límites del voto en blanco

¿Piensa que resultaría caro y lento?

No, de ninguna manera, nada es más caro y lento que esperar a que un mal gobernante termine su período de su gobierno. Sería muy bueno que el pueblo tuviera ese voto de rechazo, no importa si blanco, azul o negro. Estoy segura de que en la Argentina de hoy, ganarían las elecciones más de una vez. Y con el cambio de candidatos, nos desharíamos de los eternos dinosaurios de la política, para que accedan otros y ciertas candidaturas no se eternicen como postulantes.

Quiero recalcar, que tal como estamos hoy, cuando en un acto eleccionario hay alguien que no se siente representado en ninguna de las boletas que hay en el cuarto oscuro, se decide por el candidato que le resulte "menos despreciable".

Así votamos muchos en la Argentina. Y no tuvimos oportunidad de elegir, por lo que nunca estuvimos representados por nadie.

¿Es esto democracia? ¿Cómo puede el pueblo expresar que no quiere a ninguno de los candidatos?

También hay que considerar qué hacemos con el candidato que no hace lo que prometió en campaña. Tendría que haber un plebiscito revocatorio del mandato que pudiera ser impulsado por el pueblo. ¿Acaso no sería justo?

Seguramente les dirán que resultaría muy costoso. Sin embargo, más perjudicial es gobernar en contra del interés popular. ¿No cree?

Pero no nos preocupemos, porque nada va a cambiar. Ni los candidatos, que siempre son los mismos, ni las listas a dedo. Y la gente seguirá diciendo que "Todo tiempo pasado fue menor" o "Qué felices éramos antes" (indicando que cada vez estamos peor)

Por eso, tenemos que insistir y luchar, para lograr ese voto "negro o rojo o azul" de repudio, para que las cosas cambien algún día.

Tal vez, los presidentes se esfuercen en cumplir con sus promesas, por temor al voto rechazo en la próxima elección o al plebiscito revocatorio, esa gran innovación democrática que ya se practica en Latinoamérica. Pero, por ahora, conformémonos con transmitir la idea, que por supuesto, será muy difícil de aceptar por nuestros políticos. Principalmente, porque nuestro pueblo no lucha por sus derechos.

Los ciudadanos tendríamos que presentar en la legislatura, proyectos para el cambio. Y si tenemos que modificar la Constitución habrá que hacerlo, porque desde sus inicios, la clase pudiente dominó las Asambleas Constituyentes para que todo, le fuera favorable. Esos privilegios se plasmaron en cláusulas pétreas o inamovibles. Algo absurdo, ya que la forma de vida, el pensamiento social cambian y lo establecido en ella no puede permanecer fija, sino que debe adecuarse a los tiempos vigentes en la medida que fuere necesario.

REPÚBLICAS LATINOAMERICANAS

En América Latina, la palabra república se ha aplicado indiscriminadamente a cualquier tipo de gobierno, sean que hayan surgido de elecciones populares, de golpes de estado o de revoluciones armadas.

Recordemos cuando en la Argentina después de la llamada "Revolución Libertadora" nos despertábamos una mañana   y como por arte de magia, nos enterábamos de que al presidente lo habían cambiado, para despojarnos de la paz, del trabajo y del bienestar que nos habíamos ganado.

En la última parte del siglo XX, las repúblicas latinoamericanas no han sido más que una sucesión de gobiernos surgidos de elecciones o de golpes de estado, sin que por ello dejaran de llamarse republicanos.

Tanto unos como otros, de cualquier procedencia que fuera el gobierno, se encargaron de aumentar la deuda externa y de hacer oídos sordos al pueblo, si esto no convenía a sus intereses o a los dictados del Fondo Monetario Internacional.

Recordemos cuando el Dr.Illia, presidente de la República Argentina, pretendió cambiar la Ley de Medicamentos, sin seguir los consejos del país "más desarrollado del mundo" (según ellos mismos).

O cuando Raúl Alfonsín, quiso establecer relaciones comerciales con Rusia (contratos pesqueros) y por intermedio de Dante Caputo, quiso conversar con el líder cubano, sin autorización de su amo del Norte. O cuando no quiso ceder a las imposiciones del Campo.

Ese fue el "día final " para ambos presidentes, que tuvieron la valentía de pretender ser libres.

Al primero, no hicieron más que comunicarle que su función había cesado, al segundo, fue necesario crearle un caos hiperinflacionario, para que pudiera asumir el presidente y vicepresidente   más neoliberal de Latinoamérica, dispuestos a bailar, según el ritmo que le impongan desde la "Casa Blanca".

Creada la hiper-inflación, la estabilidad que impuso Menem era un hecho, porque era una simple cuestión matemática. Porque si formamos un piso suficiente con inflación artificial, la inflación real futura estaría cobrándose por adelantado y por eso, la gente resulta engañada, cuando cree que ha llegado la estabilidad. Por ejemplo: Si en un país cualquiera, se da una inflación mensual e hipotética del diez por ciento mensual, en un año tendremos una cifra doce veces mayor y en 3 años será de 36 veces más. Pero si en un mes elevamos artificialmente la inflación a 36 veces más, creamos una hiperinflación que nos permite a futuro, una estabilidad de tres años.

La famosa "Estabilidad" por decreto de Menem, no fue más que el resultado de la hiper-inflación con la que se derrocó a Alfonsín.

Los servicios norteamericanos mataron dos pájaros de un tiro y nadie se dio cuanta de que caían las plumas.

La política, consiste en engañar al ojo. Y precisamente, en el "teatro" de operaciones existen muy buenos actores, capaces de engañarnos a todos.

Y no estoy poniéndome de parte de Illia, ni de Alfonsín, sólo estoy tratando de decir, que las cosas de la política son muy complicadas, porque no son lo que parecen ser.

El presidente Illia, a quien se lo llamó "demócrata", a pesar de haber asumido con el 23 % de los sufragios, porque los del partido peronista habían votado en blanco, por repudio a ser excluido en la elección. El presidente que resultó electo, parecía un hombre sin trascendencia, sin carácter, puesto a último momento como candidato del partido radical, por un Balbín que no quería ser derrotado si no se proscribía al peronismo.

Pero las cosas no fueron lo que parecían, porque si bien Illia no tenía poder, habiendo asumido con ese porcentaje tan bajo y con un partido que tampoco lo valoraba, tuvo el coraje de anular los contratos petroleros y de enfrentarse a los intereses internacionales en el tema de los medicamentos.

Y como "la débil tortuga" (Así lo llamaron los derechistas) resultaba demasiado peligrosa tratando de defender lo nuestro, los militares decidieron, de la noche a la mañana, ejecutar un golpe de estado para derrotarlo.

Sin embargo nos vendieron una imagen de hombre débil, lento e incapaz, porque no sólo había que destituirlo, sino que había que desprestigiarlo.

Y lo que más llamó la atención, fue que ni los de su propio partido intentaran defenderlo. Lo que nos hace deducir que muchos de los suyos estuvieron de acuerdo con el golpe.

Pero es justo reconocer, que a pesar de haber asumido con escaso caudal de votos, fue un presidente que pensó más en la patria, que en mantenerse en el gobierno. Lo que hubiera sido fácil si hubiera seguido las directivas de los amos del Norte. Seguramente que Illia no era un demócrata, al asumir con un 23%, pero sí un patriota, lástima que no fue valorado a tiempo, ni siquiera por los suyos. Por eso, cuando murió pocas personas acompañaron su féretro.

Pero volvamos a Latinoamérica donde, por lo general, las repúblicas llamadas "democráticas", constituyeron verdaderas "timocracias", es decir, gobiernos de poderosos o de ricos, donde nunca se pueden infiltrar "las bases".

Pero como dije, los nombres no hacen a las cosas, ni a las personas, tampoco a las instituciones.

Por eso y para cortar esta racha de mentiras o falsedades, les voy a presentar; al único modelo social y político, que fue un ejemplo para la humanidad y que existió en Latinoamérica:

LOS INCAS

Todos sabemos que la historia fue manipulada y distorsionada, porque fue escrita por los vencedores para desmerecer a esta maravillosa raza nativa.

Y algunos dijeron: "El indio bueno es el indio muerto" o cosas por el estilo. Y hasta hoy, se persigue al indio en un afán de maltratarlo con indiferencias y olvidos.

Pero tal como nos dice Jorge Ledesma, en su fantástico libro "Acuso al invasor", fueron tantos, los que vinieron "a hacerse la América" que a algunos, se les escaparon ciertas verdades. Y fue por ellos, que nos enteramos de que los Incas no vivían de la caza y de la pesca, como quisieron hacernos creer, sino que estaban más adelantados que en Europa.

Tomas Moro, cuando escribe su famoso libro: "Utopía" basándose en las narraciones de un marinero, que acompañó a Américo Vespucio (en 1516) en un viaje al continente Americano y que luego, él mismo conoció ya que tuvo contacto con los Incas. Y que por eso él los va a llamar "utopianos" en su novela.

Y él dice textualmente: "Utopía, es una república indeterminada de América, superior a la de Platón". "Todas las cosas son comunes, mientras que en Europa la propiedad es privada"

Y tan sólo por escribir esto, Tomás Moro fue apresado y ejecutado. No obstante, le sirvió a Carlos Marx, para fundar el socialismo, que fue una copia, aunque no fiel, de la política y el sistema social inca, llevado al viejo mundo por Tomás Moro.

Pero lo que dice en ese libro, fue una realidad en América, porque los Incas fueron los únicos hacedores de la Justicia social en el mundo

Y este sistema que él describe en su novela, fue conocido, plagiado y "agiornado" por Carlos Marx, para dar las bases a su ideario comunista.

Aunque justo es reconocer, que él trató de ser "original" y le incorporó teorías de economistas ingleses, filósofos alemanes y sociólogos franceses, con lo que distorsionó el sistema político incaico, hasta convertirlo en un verdadero fracaso.

Por este libro, se llevó a la muerte a Tomás Moro, quien nos dice acerca de los incas: "jamás he conocido república mejor organizada que la de los utopianos (léase incas). Había allí, grandes ciudades, aún antes de que hubiera europeos. Y me hubiera quedado allí, de no haber tenido que venir aquí, para revelarles ese Nuevo Mundo."

Pero el impacto que produjo en Europa, su relato sobre esa sociedad perfecta, de buenas costumbres, donde ni siquiera existía el dinero, hizo que la palabra "utopía", fuese tomada en Europa, burlonamente, como algo irreal, absurdo y sin sentido, casi cercano a la "locura". Y así fue como comenzaron a llamar utópicos a los idealistas, para señalarles lo irracionales que eran.

Jorge Ledesma dice en su obra, que los relatos de los mismos colonizadores, fueron la prueba más contundente a favor de esa verdad.

Porque el mismo CRISTÓBAL COLÓN, expresó: "Los indios son la mejor gente del mundo" y "Aman a su prójimo como a sí mismos".

HERNÁN CORTÉS, en sus famosas cartas, señaló: "Es admirable ver el orden que tienen en todas las cosas"

L.HANKE, en su obra "La villa imperial de Potosí", dice: "Perú fue, quizás, el país mejor gobernado del mundo a principios del siglo XVI. Se parecía a un moderno "Estado de bienestar social."

Y FERNANDO PIZARRO, expresó: "en verdad no se encuentran tan bellas carreteras en toda la cristiandad"

NORTON LEONARD, agregó: "Los agricultores de Perú, ayudados por los ingenieros hidráulicos, obraron maravillas agrícolas. Solían recoger dos o más cosechas por año."

A. Ulloa, escribió:"se pondría en apuros el más hábil artesano de Europa, si se le encargara hacer semejantes obras, con tan sólo un pedazo de cobre o piedra, sin usar otra herramienta.

GARCILAZO DE LA VEGA, en sus comentarios sobre los incas, dice:

"Nunca permitieron saquear a los pueblos vencidos y condenaban a muerte a cualquiera que tomase cosas de sus vasallos".

Aunque en realidad, los Incas no tenían soldados, ni "ejército", como tampoco tenían esclavos. Por eso, es falso lo que afirman algunos autores "mal informados". La sociedad incaica, era una comunidad ecologista donde se respetaba a la naturaleza y también la pluralidad religiosa. Siempre había un altar vacío, para que el vecino lo ocupara con su Dios.

AMÉRICO VESPUCIO en su libro "Las cuatro navegaciones" escribió: "esta gente vive en libertad, sus habitantes son "comunes", son liberales en dar, nada niegan de lo que se les pide. Desprecian el oro, no usan mercaderías ni objetos de trueque. No obedecen a nadie. No pelean por deseo de reinar ni de extender sus dominios…"

Pero a pesar de estas afirmaciones hay autores que lo llamaron "Imperio Inca". Tal vez, comparándolo con el Imperio Romano, que sí era un imperio, pero que nada tenía que ver con los Incas porque la finalidad de éstos no era la dominación de los pueblos, ni la conquista territorial.

Los europeos, al no poder entender a las grandes civilizaciones de otros territorios y debido a su egolatría de sentirse superiores, atribuyeron sus adelantos tecnológicos a los "extraterrestres".

Así ocurrió también con los egipcios y sus pirámides. No sea cosa de que alguien pudiera pensar que estas civilizaciones habían superado en inteligencia a los pueblos europeos.

Si hasta los americanos hemos tomado como ejemplo histórico a la Revolución Francesa y nos hemos olvidado de nuestros orígenes, de nuestra magnífica raza, de las costumbres altruistas de los Aztecas, de los Mayas y de los Incas de los que deberíamos sentirnos orgullosos.

Y lo peor de todo, es que nos hemos olvidado del genocidio mayor de todos los tiempos, realizada por los genocidas europeos, cuya iglesia trajo la Inquisición a estas tierras, para imponernos un Dios en el que no creíamos. Y hasta lograron que aún hoy festejemos "la conquista española"

El modelo que deberíamos haber tomado como ejemplo, es la República Inca, que fue tan libre, que las mujeres tenían los mismos derechos que los varones. Y donde no existía en su idioma, la palabra "hambre", simplemente, porque no lo conocían, como tampoco sabían lo que era la esclavitud, porque nunca se les cruzó por la mente, someter a sus iguales aunque fueran de otras naciones.

Ellos respetaban los derechos humanos, amando a su prójimo, cuidaban a la tierra, a las plantas y a los animales.

Y si no usaban la rueda, tal vez fue porque sabían que con ella, se aplastaría al mundo. Y que detrás de ella, los "hombres rubios" traerían otros adelantos técnicos, que llenarían la atmósfera de gases tóxicos, condenando a muerte a la raza humana.

Para el Inca, la tierra no tenía dueños sino que era de toda la humanidad.

Fue la raza blanca, la que tomó posesión del suelo, del aire y del agua. Es absurdo ese pensamiento para quienes creen que el creador de esas cosas fue Dios y que por lo tanto, deberían pensar que no le pertenecen a ningún hombre en particular, sino a todos.

También fueron los blancos los que instituyeron la ley de la herencia y con ella todos los males de la tierra se hicieron presentes, porque nunca más hubo igualdad entre los hombres, porque desde la cuna, no existen las mismas posibilidades para unos y otros.

El derecho a heredar los bienes de los antepasados, es sin dudas, la causa principal de los desequilibrios sociales.

Imaginemos a un niño, nacido en la pobreza extrema y otro, que fuese hijo de un senador en ejercicio. ¿Tendrían las mismas oportunidades de desarrollarse? Es obvio que no. Por eso, en nuestra constitución se aclara que hay igualdad pero sólo "ante la ley".

¿Pero será así? Porque aún cuando la vida termina en igualdades, el ser humano comienza en desigualdad de condiciones desde que nace.

Y esto no es obra de Dios, es la cultura europea la que inventó la propiedad privada. Porque claro, ellos no serían capaces de administrar los bienes públicos de la masa hereditaria en beneficio de la comunidad, como hacían los Incas con su pureza de espíritu y su desinterés por el dinero. Sino que eran y siguen siendo demasiado codiciosos, viciosos y egoístas y por eso es que fracasó el comunismo, que sólo podía darse en una sociedad que no estuviera corrompida, como era el caso de los Incas.

Pero ellos ya no existen o sólo son caricaturas deambulando por la cordillera, como fantasmas de un pasado, que fue ejemplo de la humanidad.

Desgraciadamente, después del genocidio, no tuvimos sociedades ejemplares a lo largo y a lo ancho de América.

Aunque a ciertos hombres de prensa, mal llamados "cultos", se regocijan con la "democracia de Estados Unidos" a la que llaman "americana", en un intento de "globalización", como se pretende llamar ahora a la "dependencia".

Como vemos, es cuestión de cambiarle el nombre a las cosas para que no resulten demasiado dolorosas, para la dignidad de los pueblos.

No nos olvidemos que la dialéctica, es la materia básica de la ciencia política. Y los cambios de careta, son fundamentales.

Por ejemplo, cuando un ministro está desgastado, simplemente se cambia por otro, sin modificar el rumbo de la política, con la intención de que el pueblo crea que cambiarán las cosas. Esto les da a los gobernantes, un tiempo adicional para continuar con el ajuste. Porque en la última parte del siglo XX, la política siempre fue de ajuste.

Pero en Política, los sinónimos no son los mismos que en el lenguaje. Así, cuando una palabra suena mal, la reemplazan por otra y solucionado el problema.

No obstante, hay algunos términos que no se cambian nunca porque son simpáticos. Y de este modo, se sigue llamando "república o democracia" a sistemas que nada tiene que ver con ellas. Así vemos que cambiar los términos, no es siempre una cuestión de la gramática sino de la lógica.

A un político delincuente no se lo llama "ladrón", sino "corrupto" porque es una palabra más elegante.

Y sus acciones delictivas siempre se conjugan con verbos en potencial simple y debemos decir: "podría estar implicado", "estaría", "sería", etc. En cambio, para un simple ladronzuelo, decimos: "el delincuente fue apresado en su domicilio", o cosas por el estilo, pero sin potenciales simples. Y esto es, porque el pobre infeliz, no tiene dinero para defenderse por difamación. Son cosas del lenguaje político, que hay que cuidar mucho, como el sastre, el peluquero, el profesor de tenis y el médico de cabecera.

A propósito de médicos, recuerdo algo curioso que ocurrió en mi país, cuando el presidente Menem ofreció el médico personal a un cantante famoso, Alberto Cortés, y también lo llevó a la Quinta presidencial de Olivos, para que se recuperara.

Eso, también es política.

Quiero decir que admiro a Cortés como cantante y que me siento feliz de su recuperación, pero me preguntaba por esos días, si el presidente ofrecería la "Quinta de Olivos" para darle de comer a niños pobres o si llevaría a mi abuela para que se recupere de sus dolencias. Pero claro, los privilegios fueron la característica del ex -presidente Menem, con su estilo de sentirse el dueño de la Quinta, que sólo le prestamos por algunos años.

Pero cambiemos de tema y "festejemos el descubrimiento de América" en las calles de nuestras ciudades, que aún llevan los nombres de los "conquistadores".

Y eso está muy bien, porque quién podría pronunciar un nombre indígena tan difícil como Tupac Amarú o Monteczuma., tan imposibles de recordar.

Imaginemos, por un momento, que un chico no supiera pronunciar el nombre de su calle y estuviera perdido. Siempre es más fácil decir Colón, Solís o Magallanes. Y ese argumento, parece irrebatible, en todas las ciudades americanas. Por eso, es mejor olvidarse de los héroes indígenas y de sus nombres

Pero veamos las **REPÚBLICAS AMERICANAS** más recientes.

Y para ello, tenemos que recordar que, al desaparecer la dependencia de España, los países americanos no fueron capaces de mantener su unidad y su fortaleza, a pesar de tener el mismo origen, religión e idioma.

En lugar de eso, se disgregaron en pequeños estados, por lo que se debilitaron y empobrecieron. Y no tardaron en caer en manos del Imperialismo anglosajón, que puso sus garras, primeramente, en la sociedad norteamericana, como cabeza de playa de su dominio económico.

Y nos parecerá extraño que los próceres más ilustres de nuestra independencia, como Bolívar, San Martín, Belgrano, entre otros, quisieran establecer una Monarquía y no una república. Aunque pensándolo bien, esto hubiera evitado la disgregación, las luchas civiles, las anarquías retrógradas, que empobrecieron a nuestra patria y le restaron poder ante el resto del mundo, porque la incertidumbre política, la falta de unidad, la ambición por el poder, son una de tantas causas de nuestro empobrecimiento económico, que aún hoy nos aplasta como nación latinoamericana.

En **MÉJICO**, después de la independencia, triunfa Iturbide, quien es fusilado en 1823, para proclamar la república federal.

A partir de ella, se suceden guerras civiles y golpes de estado. Se alternan revoluciones y dictaduras hasta hoy, en que una guerrilla armada pretende rescatar por la fuerza al pueblo de la miseria y donde existe una clase de ricos empresarios, que parece insensible a las carencias de las mayorías populares, sumidas en la ignorancia y en la pobreza.

Méjico, que fuera el ejemplo de dos de las más grandes civilizaciones del mundo, hoy se debate como país entre la vida y la muerte.

Agoniza ante el poder internacional que lo somete desde hace años, explotando tanto su pobreza como su belleza turística, en medio de un paisaje bellísimo donde se han enclavado las cadenas de hoteles internacionales de cinco estrellas, que se llevan las divisas al extranjero. Y en el siglo XXI, también le envenenan la tierra y el agua, con agro tóxicos.

Si tomamos a **VENEZUELA**, vamos a ver que después de Bolívar, le suceden otros caudillos, como así también revoluciones y levantamientos militares.

Luego es dominada hasta nuestros días, por el imperialismo de EEUU, hasta la llegada de su segundo libertador, el general Hugo Chávez., que luchó denodadamente contra las garras de la dominación extranjera e imperial, hasta el día de su muerte ¿O asesinato?

Lo mismo ha ocurrido en **BOLIVIA**, donde hoy Evo Morales, el primer presidente indio, es un ejemplo de honestidad y democracia.

La historia fue parecida en **ECUADOR**, hasta que el presidente Rafael Correa pretende darles batalla, como Bachelet en **CHILE**

Lamentablemente, **PERU y COLOMBIA** se han entregado al imperialismo con sus pálidos y vergonzantes presidentes Alan García y Uribe respectivamente. Hoy otros presidentes tampoco pueden cambiar la historia.

En **ARGENTINA,** tuvimos muchos levantamientos armados y la figura del caudillo o del dictador, era un fantasma en toda Latinoamérica, como una búsqueda permanente en consolidar la unidad y la fortaleza del Virreinato.

Algunos dictadores latinoamericanos, actuaron a favor de la patria, como Bolívar, Rosas, etc. y tuvieron la virtud de fortalecer a los países ante las apetencias extranjeras y en general, dieron buenos resultados en el logro del engrandecimiento económico de nuestros países.

Pero en el siglo XX, hubo rupturas constitucionales, surgidas de golpes de estados, que hicieron mucho daño al país, con matanzas espantosas y violaciones de los derechos humanos, que hoy están siendo juzgadas, gracias a la lucha de las "MADRES DE LA PLAZA DE MAYO" y al valor demostrado por los presidentes Néstor y Cristina Kirchner.

Mi país, también ha soportado las consecuencias de la demagogia política, de la mentira institucionalizada, a través de personajes como Menem o Duhalde, entre otros, que usando la popularidad de un partido político como el Peronismo, cuyos principios son claros y contundentes contra la dependencia económica y a favor de la Justicia Social y de los derechos de los trabajadores, se han entregado a cabilderos neoliberales, convirtiéndose en títeres de los tradicionales enemigos del Justicialismo o del imperialismo Norteamericano.

Porque aunque sabemos que el imperialismo no tiene nacionalidad, podemos afirmar que su sede está en el Wall Street, y que en realidad, no tiene nada que ver con el pueblo norteamericano, que siempre ha sido víctima de sus garras.

El imperio neoliberal, se apoya en la afirmación de que todo hombre tiene un precio. Y conocerlo, es la base de su poder.

Pero, además del precio las personas tienen vida, de modo que si no se las pudiera comprar, se las puede asesinar.

Así, han manejado a los presidentes de toda América y del mundo, como si fueran bicicletas, incluyendo a los mandatarios de Estados Unidos, país que cuenta con cinco presidentes asesinados por estas "mafias" sin patria.

En **PANAMÁ, URUGUAY y CUBA**, se han sucedido dictaduras, como la de Batista, en la isla cubana, que fue derrotada por su líder Fidel Castro.

En **CHILE,** el asesinato de Salvador Allende, fue sucedido por la dictadura criminal del General Augusto Pinochet.

En **ARGENTINA,** a la muerte de Juan Domingo Perón le sigue el derrocamiento de Isabel Perón y varios años de dictadura militar, con miles de crímenes y desaparecidos.

En Latinoamérica, para evitar la desintegración, también se recurrió a la figura de los caudillos y a los dictadores, consentidos por el pueblo y eso es lo que se podría llamar Cesarismo democrático.

Como podemos deducir de todos estos hechos históricos, rara vez una república democrática lo ha sido de verdad. Y no encontramos ejemplos dignos para ser rescatados.

Para demostrarlo, aconsejo leer el maravilloso libro de Michel Moore titulado "Estúpidos hombres blancos" para entender que es falso hacerle un altar a la democracia de Estados Unidos ni a su sistema republicano, porque es una gran mentira

Y a esta altura de mi razonamiento, yo me pregunto ¿Si la república y la democracia, tal como existen hoy, son el mejor sistema político, por qué no funcionan? ¿Por qué no producen bienestar social, justicia, orden, seguridad o nos brinda la educación que necesitamos, la salud o el trabajo? ¿A quién beneficia este sistema pseudo-democrático?

Sin dudas, a la clase política, donde los candidatos, siempre están al acecho de una banca para perpetuarse en el poder.

En estas "falsas democracias" no existen los nobles y los plebeyos, como en las Monarquías, pero existen los políticos y los votantes.

A los más pobres, se los suele manejar con algunas dádivas, como bolsones con mercadería, a otros, se les ofrece un cargo partidario y los más ambiciosos se cobran de antemano con algunos "negociados a cuenta".

A los más inteligentes, se les hace un lavado de cerebro, a través de insistir constantemente con ciertas mentiras culturales, como las que encontramos en algunos libros, periódicos o en disertaciones de "eminencias" programadas por los medios audiovisuales. Estos últimos, actualmente, usan una especie de picana repetitiva, que termina haciendo un agujero negro en el cerebro, por falta de oxígeno.

Desde que el hombre mostró su talón de Aquiles, que es su avaricia, los partidos políticos han encontrado el modo de sobornarlo. Y los ciudadanos son usados para que vayan a votar, o sea, para dar legitimidad al cargo presidencial y a los tres poderes, que en realidad son sólo uno.

El ejecutivo, que responde a los mandos naturales del Imperialismo dominante, el judicial que forma una dinastía inoperante y es, a veces, cómplice de la clase política y el legislativo, que no responde al pueblo sino a los partidos o a las coimas, es decir al cabildeo.

Y por debajo de todos ellos, se encuentra un pueblo, que sigue creyendo en este sistema tan publicitado como si fuera "el mejor sistema político", a pesar del hambre, de la injusticia, de la falta de empleo, de la corrupción y de las carencias de todo tipo.

Y esto es así, porque así lo han educado, quienes "lavan su cerebro" para servir y servirse de la corruptocracia.

Por supuesto, las mayorías no advierten que están inmersas en un nuevo sistema de esclavitud, donde se han disfrazado los "amos", para hacerles creer que siguen siendo libres.

En la época de la vieja esclavitud, a los esclavos se los alimentaba, se les daba vivienda, comida y trabajo para toda la familia. Por eso, no fue raro que muchos de ellos prefirieran seguir sirviendo a sus amos una vez otorgada su libertad legal, como ocurrió en EEUU. Y porque ser libre, equivalía a tener que pensar adónde vivir, adónde trabajar, cómo vestirse, qué comer todos los días. Era como tener que asumir que no eran nadie y no tenían nada.

Pero la oligarquía se ha perfeccionado y el esclavo de hoy, no tiene vivienda, ni trabajo, ni comida, ni quien lo proteja, ni contra quien rebelarse, porque su amo está oculto en el sistema opresivo.

Simplemente, perece por hambre o va a parar a una cárcel o delinque para sobrevivir o lucha contra la injusticia social desde la subversión.

También hay quienes no hacen nada y se suicidan lentamente, o más rápido, arrojándose desde lo alto de un piso de departamentos. Así ejercen la libertad los esclavos del siglo XXI, es decir, sólo eligen la forma de morir. ¿Democrático, no?

Pero todo tiene una explicación. No nos olvidemos que la política, para algunos, es una ciencia y en el análisis de los hechos, hay ecuaciones matemáticas, que deben tenerse en cuenta.

Así vemos que el neoliberalismo propone soluciones a la teoría de los dos tercios. O sea para los 2/3 de la población mundial que no alcanza a cubrir sus necesidades.

Seguramente han oído hablar de que en los países "desarrollados" se ha reducido la natalidad, y que hay exceso de población en el planeta porque en los "menos desarrollados", como África, América Central y del Sur, entre otros, no hay control sobre ella Y hay quienes opinan que esto traerá como consecuencia, la destrucción del planeta en pocos años.

Urge entonces, para los países desarrollados y sin escrúpulos, acrecentar la mortalidad de la gente que vive en esos países, para contrarrestar el avance de las generaciones futuras, mucho más, cuando esto se produce en las razas humanas "llamadas inferiores", que según ellos, son los negros, los nativos indígenas y por supuesto los pobres.

Según los seguidores de la teoría, ellos no están en las mejores condiciones físicas ni psíquicas para sobrevivir y mejorar la especie y hasta se ha calculado la cantidad de personas que tendrían que morir en esta gesta histórica.

Por lo menos un tercio de la población mundial, tendría que sacrificarse estoicamente, en "beneficio" de las dos terceras partes restantes, que son la clase rica y los más preparados de los obreros para que puedan ser explotados para generar riquezas y servir a las guerras.

Esta es la solución y que por supuesto no se encuentra escrita, sino que está en la mente de quienes dominan el mundo y es la famosa teoría de los dos tercios. ¿Democrático, no?

Recordemos que hasta hace poco, el mundo se dividía en la mitad Este y Oeste y que el dominio de cada una de esas partes, pertenecía a dos países, que eran Rusia y los Estados Unidos y que se mostraban como enemigos, pero curiosamente, estuvieron siempre aliados en las dos guerras mundiales.

Eso es lo que se llamó "Hipótesis de conflicto"

Pero de pronto cayó el muro de Berlín, desaparecieron las ideologías y se acabaron la "cortinas de hierro" y la división Este-Oeste.

¿Y cuál es el resultado de este rompecabezas?

Que ya no se necesita otra arma para la dominación que no sea la economía, capaz de doblegar a los países débiles provocando el hambre y la miseria.

Por otra parte, la hipótesis de conflicto ha cambiado de sitio y su límite natural pasa ahora por el Ecuador. Ahora es el Norte frente al Sur.

Veamos: en el Norte están Canadá, Estados Unidos, Europa y la Gran Rusia. Y en el Sur están los países del subdesarrollo económico (o deudores) y por eso hay que cerrar las fronteras, por la línea del Ecuador.

O sea, poner la cortina de hierro en otra parte, echar a los extranjeros y no permitir que entren a los países "desarrollados". Impedirles la expansión demográfica, motivada por su falta de control de la natalidad.

No nos olvidemos de que los países subdesarrollados crecen en la población, en una proporción de 8 a 1 con respecto a los del mal llamado "primer mundo".

Eso traerá como consecuencias, que se acabarán las reservas de alimentos, de agua, de oxígeno y la contaminación del medio ambiente terminará, en poco tiempo, con la raza humana

Y esto equivale a decir, "salvemos a los mejores, que son los blancos adinerados, dejemos que los negros, los indígenas, lo árabes, los latinoamericanos y los amarillos del hemisferio Sur se mueran de hambre, o por efecto de los tóxicos o los medicamentos con que podamos diezmarlos. Produzcamos allí inestabilidad, miseria, para que las guerras, las enfermedades y la represión terminen con el exceso de esa población de inferior calidad. Proponen imitar al reino animal, donde el débil debe perecer a manos del fuerte, para mejorar la especie".

Por eso, cuando se trate de Ruanda, El Zaire, los países árabes y otros, se reducirán las ayudas internacionales como UNICEF, CRUZ ROJA INTERNACIONAL; EL VATICANO. Se harán experimentos con vacunas o medicamentos como si fueran cobayos, se envenenarán sus aguas, sus tierras, con deshechos industriales, nucleares y agro-tóxicos, porque el menos dotado debe morir para bien de la humanidad y la depuración de la especie. Es la ley de la selva.

Eso pasa en Perú, Colombia, México y pasaba en Bolivia, cuando los adinerados creían que los indígenas eran animales y los apaleaban, hasta que Evo Morales llegó para dignificar al pueblo originario.

Para los depredadores humanos, la muerte de un tercio de la población mundial, tiene base "científica" y hasta les resulta "racional".

Hay presidentes que entienden muy bien esta teoría y la llevan a la práctica con naturalidad en sus propios países. Son los que reciben ayuda extra a través de créditos internacionales.

En Latinoamérica, nos esperan todavía muchos años de lucha para erradicar estas injusticias.

Quizás debamos morir muchos de nosotros por misteriosas enfermedades producidas por agro-tóxicos, pestes, remedios, vacunas obligatorias, bombas químicas, biológicas o selectivas de fósforo, etc. que son producto de todo este plan siniestro, donde se pretende manipular a la naturaleza, al hombre y a sus genes, o modificar su conducta a través las drogas y otros vicios que lo conduzcan a la muerte o a la idiotez.

Sí, esa es la finalidad de la tecnología que apunta a que el ser humano permanezca horas, sin pensar, chateando, jugando, en fin, participando de la vida a través de una computadora, o de redes sociales. Hay que evitar que el hombre piense, mediante una TV que lo mantenga hipnotizado con shows de mujeres desnudas, perfectas y siliconadas, con noticieros que evaden la realidad y le muestran un mundo que en verdad no es tal. Y no es que esté en contra de las nuevas tecnologías, de ninguna manera, yo uso diariamente la computadora para leer y escribir, publico en e-book, porque la tecnología puede aprovecharse bien o mal y hasta puede convertirse en una adicción, que enferme su cuerpo y su mente, aniquilando el pensamiento individual y propio.

Ya sabemos que el arma más poderosa es la palabra porque puede entrar a la mente del hombre como verdad o como mentira y provocar estragos en las sociedades.

Otra arma de destrucción masiva es el dinero o la economía, es decir, la que puede matar a más personas, especialmente a los niños, sin que podamos acusar a nadie. Ninguna de estas armas, cuesta dinero y pretenden esclavizarnos, eliminando a los más débiles en su propio beneficio.

Pero estoy segura, que muchos lucharemos en contra de esto, guiados por nuestros antepasados Incas, Mayas y Aztecas, que prefirieron morir a ser esclavos.

Y a pesar de que el hilo siempre se corta por lo más débil" no perderemos las esperanzas de volver a ser aquella Utopía, que fuimos una vez cuando formamos parte de esa civilización, que Tomás Moro quiso universalizar en ese libro, que le costó la vida.

En algunos lugares como Perú, Haití, Nicaragua y muchos otros, la gente considera, debido a su miserable vida, que "vivir es un castigo". Y cuando el hombre llega a ese límite, hay que tener cuidado.

Allí es donde se generan los grupos guerrilleros, que luchan contra la injusticia social, sin ser valorados ni siquiera por su pueblo, al que pretenden defender, porque éste suele elegir el camino de la mansedumbre y se somete sin protestar a la opresión, porque ha perdido la sensibilidad, el gusto, la vista, el oído, los ojos y también la voz.

Estos emperadores del mundo moderno, aprendieron que las guerras son demasiado costosas y arriesgadas. Que es mucho más económico, matar a través de la pobreza extrema, sin poner la cara, ni la responsabilidad plena. Se pueden usar cabilderos, como suelen ser algunos presidentes electos, legisladores y jueces, porque el hombre es corruptible, en especial, si son políticos.

Pero no todos los humanos morirán con resignación, algunos se organizan en grupos para obtener por la fuerza y utilizan distintas armas para lograr lo que necesitan y lo que la sociedad no les permite obtener.

El aumento de esa guerra urbana es lo que llamamos delincuencia y eso aumenta en relación a la pobreza y nadie puede considerarse libre de ser una víctima.

También de la clase ilustrada y media, surgirán jóvenes dispuesto a luchar por ideales de justicia y equidad. Porque es de esa clase social, que tiene sus necesidades primarias satisfechas y por ello puede pensar, de donde saldrán los que se enfrenten con los abusos del poder y formarán ejércitos de liberación.

Recordemos que en Abril de 1997, ocurrió en Perú, un hecho que servirá de ejemplo a cualquier país, dominado por las superpotencias extranjeras.

Perú, estaba sumido en el hambre y asistía a los últimos días de resistencia del Movimiento Revolucionario Tupac Amarú, en la embajada de Japón, que había sido tomada hacía unos meses y donde se mantenían a 72 prisioneros como rehenes de un grupo de catorce adolescentes, que se decían "terroristas".

En los cuatro meses que duró la toma de rehenes, Japón y los Estados Unidos, se disputaron su influencia en el país, como mercado a sus operaciones comerciales. Para Japón, Perú era la cabeza de playa en el desembarco económico en América del Sur, frente al coloso Norteamericano, que como todos sabemos, contiene grupos de poder económico en su seno, que precisamente, no son "yanquis" sino residentes de Wall Street.

Los japoneses querían negociar en paz con los subversivos y los servicios estadounidenses querían "violencia brutal y ejemplar"

Finalmente, triunfó la postura de nuestros amos del Norte y grupos de soldados peruanos, entrenados especialmente por los servicios de los Estados Unidos, en técnicas brutales, se lanzaron contra la embajada, en un operativo espectacular y televisado "para la posteridad", como acostumbran hacer " los reyes del mundo".

Catorce guerrilleros fueron fusilados de un tiro en la frente, mientras que los mismos rehenes hablan de la generosidad de sus secuestradores, que no los torturaron jamás y no les dispararon, aun cuando pudieron hacerlo.

Uno de los rehenes, que era un ministro peruano, cuenta que uno de los captores los apuntó y no disparó. Esta actitud contrasta con el hecho de que el mismo joven de tan noble gesto, fuera fusilado cuando se entregaba con las manos en alto.

Otro rehén dijo: Yo fui testigo de cuando los asesinaban.

Los familiares de los guerrilleros, reciben los cuerpos en una bolsa de polietileno. Todos los muertos tenían un tiro de gracia.

¿Y esto no es terrorismo de estado?

Luego vimos al presidente, que fue cruel opresor y

dictador, recorriendo la ciudad con un chaleco antibalas y una sonrisa "a toda boca" festejando la muerte de dos de sus soldados regulares, de un rehén y de 14 ciudadanos que se habían rebelado contra la injusticia y sin gozar de las garantías del sistema democrático y republicano, ni de los derechos humanos, que aún en las guerras, los hombres tienen que respetar y mucho más, cuando se ejerce la primera magistratura del estado.

Porque si el terrorismo es inaceptable, mucho menos, lo es si se origina en los poderes de la república.

Por eso, este hecho que no tuvo consecuencias tan graves para los rehenes, gracias a la piedad de los secuestradores, constituye una indignidad, una vergüenza, aún para el más inhumano de los hombres.

Por si fuera poco, esa mañana, escuchamos a nuestro presidente, Carlos Menem, diciendo que él hubiera hecho lo mismo. O sea, entregarle la causa a los norteamericanos, como si se tratara de la telefónica, de aerolíneas, o de un pozo petrolero o de tantas otras cosas que entregó, sin que aún podamos saber cuáles han sido los beneficios de esta macro-economía de mercado.

¿Y qué es la macro-economía?

Más allá de lo que digan los economistas entrenados en los EEUU, yo la defino como el gran poder económico que tienen los países del "primer mundo" sobre los países deudores, para hacer que entreguen sus riquezas y los negocios más rentables, sin que reciban nada a cambio.

Así las naciones quedan en sus manos, para ajustar las tarifas de los servicios, los impuestos, el IVA y todo lo que está regulado por los grupos de poder económico extranjeros, para que puedan cobrar sus cuotas al día y otros favores, que tan generosamente nos ofrecen para que nos "desarrollemos" y pasemos al primer mundo, o sea, al mundo del consumismo, de la droga, del SIDA, de la corrupción, de la xenofobia, del colonialismo salvaje y brutal, del genocidio, etc.

Así ocurrió siempre, los pueblos indefensos frente a los que podían mantener ejércitos profesionales y rentados, como ocurría en Roma.

Siempre se pagaron tributos a los imperios dominantes, ya sean romanos, japoneses, bárbaros, etc. Y a lo largo de la historia, la realidad es la misma.

Actualmente, la opresión proviene de Bancos internacionales de Desarrollo y de otros, con nombres tan románticos y conmovedores. Y de esos grupos, que son dueños de todos los organismos internacionales provienen las peroratas sobre derechos humanos, sobre libertad, como si ella no llevara implícito el bienestar económico.

Porque ¿Qué es la libertad, si no es el poder hacer, elegir y decidir según su propio arbitrio, los destinos de su propia vida?

¿Y acaso es libre aquél que no tiene un centavo, que no puede estudiar, trabajar, curarse, etc.?

En la corruptocracia, la libertad no es para los pobres, aunque esté consagrada en la Constitución Nacional. En todo caso, la única libertad que tienen ellos, es la de morirse como prefieran (enfermo, de hambre, en la cárcel o en la guerrilla).

Y a pesar de que los derechos humanos están reconocidos en casi todas las constituciones del mundo y en todos los tratados internacionales, eso no es suficiente para poder gozar de ellos.

A nadie le conviene que todos tengamos idénticos

derechos. ¿En qué se sustentaría el poder dominante?

Nadie quiere ser igual al otro, porque hay quienes quieren estar por encima de los otros y si es posible, caminando sobre sus cabezas. Y para eso, nada mejor que las bases populares.

Ellas son aguantadoras, pacientes, sumisas y calladas. O sea, "manejables", a través de la prensa escrita, del periodismo audiovisual, de propagandas y de toda la artillería importada que ni siquiera tenemos que preparar, porque la traen hecha y nos la dan gratis.

¿QUÉ ES LA NUEVA PSEUDO-DEMOCRACIA CIBERNÉTICO-MEDIÁTICA ?

Estamos en el 2014 y es claro que los imperios invaden a los países que no se rinden ante sus exigencias y tienen el propósito de despojarlos de su gobierno legítimo y por lo tanto, poder para oponerse a sus planes de apropiación de sus recursos naturales y humanos.

Hace mucho tiempo, que estos países dominantes, han descubierto que las palabras son las mejores armas de destrucción masiva. No tienen un precio excesivo, ni contaminan al planeta, ya que la contaminación mental, no se traslada más allá de sus límites.

En primer lugar, porque la palabra puede emplearse para mentir, distorsionar, fabular, entre otras cosas, pero principalmente, para dirigir a la "democracia" hacia el candidato que ellos quieren.

Desde aquella falsa filmación de llegada a la luna, los Estados Unidos de Norte América y sus países aliados, han aprendido que las palabras pueden emplearse para distorsionar la realidad y difundirla por el mundo a través de todo los medios periodísticos que pueden adquirir, para favorecer a sus planes. Sucede como con los monopolios que venden gaseosas. Se van comprando las fábricas hasta que una sola que se queda con todas las marcas, eliminando a la competencia de mercado.

¿Pero existe mercado sin competencia? No, sin dudas. Pero ocurre que aunque la competencia no exista se puede simular, porque como en el caso de las gaseosas cada una conserva su nombre y la gente cree que hay diferentes fábricas. Y la gente puede creerles cualquier cosa, porque la repetición de una misma mentira, lava el cerebro y se pierde la noción de la verdad.

Ahora se convocan por Internet a un grupo de personas que quiere derrocar a un gobierno y van a un lugar, que puede ser una plaza, para exigir mediante manifestaciones populares, la renuncia de quien fuera elegido por la mayoría del pueblo. Las imágenes nos muestran a gente gritando en otro idioma, pero no son las reales, ya que hay otras manifestaciones más grandes que no se muestran y que se hacen en contra de estas.

Pero hasta ahora, lo virtual viene ganando la batalla a la realidad, porque convence al mundo, de que lo que ellos muestran es la verdad. Por ejemplo, muestran minorías que parecen todo "El Pueblo" porque ocultan otras manifestaciones mucho más numerosas y que alientan al gobernante que se quiere derrocar. Por eso, debemos pensar que todo lo que nos dicen es mentira y así acertaremos. Por otra parte, esas manifestaciones no son actos democráticos, ya que no hay democracia sin el voto de todos los ciudadanos y aquí hay gente que viene de otros países a perturbar el orden. Lo único que hay es manipulación extranjera de minúsculos grupos, que se declaran democráticos, pero que son utilizados para justificar los bombardeos de la OTAN y así, mediante la guerra, arrebatarles no sólo las riquezas sino los gobiernos, que son los que el pueblo quiere y ha elegido.

Y así siguen levantando en armas al mundo musulmán para reinar por sobre las facciones que ellos mismos crean a través de redes sociales por Internet. Un arma, que así usada, se convierte en la mejor arma para la invasión de pueblos y el aprovechamiento de sus riquezas. Esto es la nueva democracia cibernético-mediática, que sin medios periodísticos cómplices, no podría expandirse como lo hace hoy. Es hora de que despertemos y no nos dejemos manipular con mentiras, ni filmaciones falsas.

SISTEMAS ELECTORALES EN LA CORRUPTOCRACIA ARGENTINA

Vamos a ver ahora a los sistemas electorales, como se llaman a los distintos modos de convalidar el poder dentro de una república, para que ésta parezca democrática. Sí, porque el solo hecho de que nos inviten a introducir un papel en una urna cada 4 años, no nos convierte en una república democrática. En realidad, en los países que nosotros pensamos como más democráticos es donde menos existe la práctica democrática.

Resulta que en la Monarquía, entre los privilegios de la oligarquía de los nobles y el pueblo, había una barrera que era el rey.

Porque hay quienes siempre debieron trabajar y otros que nunca quisieron hacerlo. De eso se trató siempre, ya que en cualquier sistema político, al poder lo tiene la oligarquía.

Y esto así es, porque la ciencia política, un día descubrió el absurdo de que la "verdad" estaba en la "cantidad" y apareció la representación proporcional y estos cálculos matemáticos se aplicaron a los procesos electorales.

Había que sacar cuentas y proporciones, para saber exactamente, cual era el porcentaje aceptable para que un gobernante pudiera representar al pueblo.

Y lo primero que surge en nuestra mente, es lo siguiente: ¿Depende la verdad, de lo que dice la mayoría? o ¿La mayoría tiene derecho a imponer a los demás sus criterios?

La respuesta es no. Porque lo contrario equivaldría a decir, que el cielo puede ser de color verde y no celeste, si así lo cree la mayoría.

También en este afán electoralista han quedado algunas preguntas pendientes como: ¿Mayoría o Asamblea Popular? ¿Mayoría o Colegios electorales?

Pero cuidado, porque el poder deberá seguir siempre en manos de la oligarquía. Así lo exigen las grandes potencias y así se plasma en su Ley fundamental o Constitución.

Y deberemos simular que se le otorga el poder al gobernante para que actúe en nombre del pueblo, pero sin que deba rendirle cuentas ni consultarlo.

También debemos crear un poder para que dicte las leyes, que será la Cámara de diputados, pero la oligarquía deberá revisarlas, o sea debemos crear otro poder, que será el Senado, para que el pueblo no intente imponer, a través de la cámara baja, ciertas libertades o derechos inadmisibles, como sueldos dignos y esas atrocidades.

Pero sigamos con el tema principal, porque todavía nos

falta determinar, cuántos forman la mayoría.

Parecería obvio que la mayoría sea la mitad más uno. Pero la cuestión se nos complica cuando queremos imitar a otras democracias como la de los Estados Unidos, que no tienen nada que ver con respetar a las mayorías, como podemos ver en el libro de Michel Moore, titulado "Mike for president"

Y entre tantas dudas, podríamos llegar a la conclusión de que ese porcentaje puede no ser el que pensamos, ni tener nada que ver con las matemáticas.

Sin embargo, aún no nos queda claro, si para sacar porcentajes se deben considerar sólo los votantes o todo el electorado que figura en el padrón. Y en cualquiera de los casos, hasta es posible que la mayoría se resuelva cortando a una persona por el medio. Por ejemplo: la mitad de 15 es 7 y medio.

Por lo difícil de la situación, se resolvió en una oportunidad, que la mayoría era la mitad más dos.

Y así, un tema de lo más sencillo, resultaba difícil y controvertido.

Pero la cuestión se resuelve según interpretemos cada sistema. Cuando hay muchos partidos, el problema de la mayoría no es tan simple, aunque antiguamente, se resolvía por mayoría simple y ganaba el que más votos obtenía.

Pero esto tenía el inconveniente de que, a veces, si sumábamos a los partidos opositores minoritarios, lograban más de la mitad. Y entonces, el partido ganador con mayoría simple, no era mayoría absoluta.

Otra pregunta era si se debían contabilizar los votos en blanco y cómo deberían interpretarse. En mi país, sencillamente, no se tuvieron en cuenta.

Pero con el tiempo, todo fue perfeccionándose y parece que cuando ningún partido resultaba ganador de la mayoría absoluta, todo se resolvía en una SEGUNDA VUELTA y el electorado debía votar nuevamente y elegir entre los que sacaron el primero y segundo puesto. Y a eso se lo llamó Ballotage (Un sistema importado, donde la primera minoría puede excluirse por quienes perdieron la elección, algo insólito)

Y aunque esto parece resolver el tema de la mayoría absoluta, no resuelve el problema de la representación o del derecho que tiene cada ciudadano a elegir con libertad, ya que en la segunda vuelta, puede verse obligado a votar en blanco o tener que elegir entre dos candidatos que no son los que elegiría.

¿Por qué razón alguien debe votar por una de las dos opciones que no son las suyas?

¿Acaso estas serían elecciones libres?

Pero eso no es todo, porque cuando por fin determinamos la mayoría absoluta, aparecen leyes con "porcentajes determinados" para evitar la segunda vuelta.

Y puede resultar, finalmente, que la mayoría no es la mitad más uno ni más dos, sino que puede ser un determinado porcentaje estipulado, según convenga y hasta puede ser menos de la mitad. Y ya no se trata de una cuestión matemática, sino de leyes poco claras.

¿Complicado, no?

Por lo tanto, para la política, dos más dos nunca son cuatro. Y las cosas nunca son lo que parecen.

Porque, por un lado, se afirma que todos somos libres y si no hay un candidato que represente mis ideas políticas, tengo que votar igual, es decir, elegir no libremente, entre todos los que no son mis candidatos.

Y entonces, analizarles el bigote, el peinado, en fin, "algo" que haga que me decida, para no quedar excluida de la elección al votar en blanco. Porque ese voto en mi país, no tiene valor Y ante esa injusta alternativa, generalmente votamos, por el que nos parece el menos peor de los dos candidatos.

¿Eso es democrático? .NO. Porque afecta a la representación misma. Nadie puede estar representado por un candidato que no es el suyo.

Como vemos, las elecciones no son tan libres como quieren hacernos creer y están viciadas de nulidad, porque en segunda vuelta, hay muchos que votan por alguien que no hubieran querido elegir y tampoco van a apoyar y por lo tanto, esos votos no expresan el verdadero sentir popular.

¿Y cómo se resuelve esto?

Imaginemos una democracia en serio. Yo Insisto en que debería haber un VOTO DE REPUDIO.

Y en ese caso de que triunfaran, se tendría que anular el acto eleccionario. Y todos los candidatos quedarían afuera por no haber obtenido ninguno de ellos la mayoría. Pero tendríamos que comenzar el proceso un año antes, para hacer internas que puedan medir la popularidad de varios candidatos en cada partido. Sería más lento, pero la representación sería más auténtica.

Y pensar que en mi país, en la primera década del siglo XXI, ni siquiera ha habido internas en los partidos, lo cual desvaloriza no sólo a la elección sino a los candidatos.

Los afiliados tendrían que elegir sus candidatos de una lista donde se postulen varios, como mínimo seis. Y se harían eliminatorias hasta que surja el más votado.

Pero aún nos quedan preguntas. Últimamente, se ha puesto de moda incentivar el voto no obligatorio, pretendiendo imitar a un país "tan falsamente democrático" como los Estados Unidos.

Pero debemos pensar que el voto obligatorio ha sido todo un avance político, porque en el siglo pasado, algunos patrones de estancia no le permitían votar a los peones rurales y bajo amenazas de despidos les retenían el documento hasta que pasara la elección y con esto lograban que los obreros tuvieran poca incidencia en los resultados electorales. De allí que la oligarquía, siempre imponía su voluntad.

Por eso, es que la derecha hoy vuelve a impulsar el voto libre, ya que así se puede controlar el resultado electoral, porque la obligatoriedad del voto garantiza el voto de los pobres.

Recordemos lo que sucedió en Bolivia cuando en la primera mitad del 2008, para el referéndum de autonomía de cuatro distritos convocado por la oposición y que fuera declarado ilegal por su presidente Evo Morales, cuando a los indígenas nativos se los esperaba con palos en el patio de las escuelas para impedirles, a fuerza de golpes y palizas, que votaran por el NO y cuyo resultado evidenció una marcada abstención de votantes (más del 60%) lo que permitió triunfo del SI, como pretendía la oposición.

Por suerte, el resultado se revirtió en la segunda mitad del 2008 con el referendo revocatorio legal, que ganó ampliamente el presidente Evo Morales.

Por eso es que cuando la abstención y los votos en blanco superen el 50%, el acto debería ser nulo y con derecho a otra elección con nuevos candidatos.

Y es conveniente que el voto sea obligatorio y que sea exigido hasta para sacar una credencial para conducir o para ingresar en un trabajo.

Otro tema poco claro, es el de la publicidad del escrutinio, que con las nuevas tecnologías, como el voto electrónico, las encuestas previas y "la boca de urna" ya han enrarecido bastante a las elecciones.

Y el resultado del escrutinio debería publicarse en los diarios de mayor circulación, con los resultados finales, mesa por mesa, para que los fiscales de los partidos, puedan corroborar si en su mesa fueron computados los votos como estaban registrados en sus planillas. Y esto debería ser así, porque la publicidad es la base de cualquier acto democrático. Y conocer la verdad es un derecho de todo ciudadano.

Actualmente, no bien terminada la elección, los resultados finales llegan antes que el presidente de mesa llegue a su casa, gracias a la informática, arma fundamental del fraude en la corruptocracia. Porque sabemos que esto sucede en países, como los Estados Unidos, donde muchas veces hubo fraudes. Les recomiendo nuevamente el libro "Mike for president" de Michel More, para que puedan entender que en ese país, hay mucha menos democracia que en los que ellos denominan del "tercer mundo".

Por eso, es que me hace mucha gracia cuando los pseudos-periodistas, manipulados por multinacionales de medios, se regocijan elogiando a las democracias de los que ellos llaman "Países serios" sin saber que ellos están bajo los efectos de una "tiranía de la mentira", que ejercen dichas agencias de desinformación.

Al igual que el pueblo, que es engañado cuando enciende el televisor o la emisora de radio, porque no sospecha que está siendo manipulado por los medios corruptos, a través de periodistas que se venden al mejor postor. Pero no debemos olvidar que siempre hubo muchos periodistas serios, que dieron su vida por decir la verdad. Basta recurrir a un buscador de Internet para ver la larga lista de desaparecidos y asesinados por la dictadura y la triple A, en nuestro país.

Pero volvamos a lo nuestro, cuando decíamos que en los escrutinios electorales modernos, el detalle pormenorizado, por mesa y seccional, no aparece nunca en ninguna parte.

Con una computadora, el fraude se hace fácil, porque se puede modificar la información incluso desde otro ordenador y desde otro país. Por eso, es que pretendo la publicidad del escrutinio en una edición especial del Boletín Oficial, mesa por mesa, escuela por escuela, barrio por barrio. La transparencia es nuestro derecho.

Pero claro, una elección transparente, tampoco nos garantiza la práctica democrática. Porque una cosa es la elección y otra, que el gobernante haga lo que prometió o que interprete el mandato popular.

Hemos escuchado en campañas electorales a presidentes, hablar de "salariazos", de "revolución productiva"," de "manos limpias", "de terminar con la corrupción", cuando en verdad, terminaron dando coimas a legisladores para lograr el voto de ciertas leyes, favoreciendo el cierre de comercios, destruyendo las fuentes de trabajo y quitándole derechos a los obreros, bajo la prédica de la "flexibilización laboral", expresión que se puso de moda desde fines del siglo XX en los países dominados por el imperialismo neoliberal. Y esto no es más que un retroceso de las conquistas sociales.

Por supuesto, que para llegar a ello, hubo antes una operación de "ablande", es decir, se preparó un clima de "pánico" mediante despidos, cierres de fábricas, etc. para que, por miedo a perder el puesto de trabajo, la gente aceptara perder sus derechos, es decir " ser flexibilizados", como dicen ellos.

Y todo, con la complicidad de los dirigentes gremiales que, a veces, son hombres sin escrúpulos que reciben los favores del gobierno de turno y que pretenden disimular su complicidad con el gobierno, quemando algunas cubiertas en la vía pública o cortando la circulación en calles o rutas.

Pero volviendo al tema electoral, quiero advertirles sobre el peligro de caer en el ELECTORALISMO, otra tendencia actual, que pretende usar plebiscitos para todo.

En primer lugar, tengamos en cuenta que la constitución argentina, dice: "EL PUEBLO NO DELIBERA NI GOBIERNA SINO POR MEDIO DE SUS REPRESENTANTES" (ni con ellos) y no olvidemos que la representación es la base de la república.

El gobernante decide por el pueblo y gobierna a través de los tres poderes. (Donde el Poder Judicial, que no es temporal sino de por vida, se politiza y pierde neutralidad) Los plebiscitos tienen sentido cuando son convocados por una cuestión muy importante y que todos puedan entender claramente o cuando se trata de plebiscitos revocatorios del mandato presidencial. Pero quede claro que a esos, nadie los quiere incluir en la Constitución Nacional.

¿Y saben por qué? Porque si hoy pedimos la revocatoria del mandato de un presidente, también este derecho se puede ejercer contra todos los que pretenden sucederle. Algo que al imperialismo no le conviene, cuando quiere sostener en el poder a un presidente extranjero, obediente con el país colonialista que lo domina.

Retomando el tema, creo que éste sería casi el único plebiscito posible en una república democrática. ¿Y por qué digo esto? Porque no se puede gobernar en base a plebiscitos constantes sobre las decisiones de gobierno. La administración del Estado, debe hacerla el gobierno a través de los tres poderes.¿O para qué los hemos elegido?

Por otra parte, el pueblo no es un experto en temas políticos, legislativos o administrativos y no tiene por qué conocer sobre todos los temas, como para juzgar o decidir un acto de gobierno. Para eso ha elegido a quienes creyó aptos para esa tarea y son ellos los que tienen el deber de conocer, profundizar y estudiar para decidir sobre lo más conveniente para el pueblo en general..

El electoralismo, es muy peligroso, porque no se gobierna mediante opiniones, sino en base a profundos análisis técnicos y un profundo conocimiento sobre el tema que se trate. Los demagogos de la democracia, suelen impulsar plebiscitos ante cualquier decisión gubernamental que no conviene a sus intereses. Así los sectores opositores pueden realizar propagandas intensas y superfluas sobre un determinado tema, en los medios de comunicación, para cogobernar o torcer la decisión gubernamental proponiendo un plebiscito, que no tiene razón de ser, porque el pueblo no conoce profundamente sobre los temas de gobierno. Y esta manipulación es, precisamente, lo que buscan los sectores minoritarios, para impedir que el presidente tome decisiones.

Pero entiéndase bien, que no estoy en contra de los plebiscitos cuando versan sobre la continuidad o no de un gobierno, es decir, cuando son revocatorios, porque el electorado sí puede juzgar los resultados de la gestión presidencial. O si la grave situación del país lo requiriere, como en el caso del presidente de los Estados Unidos, George W. Bush, con la crisis recesiva de su economía, o cuando tratamos de resolver temas de soberanía con otro país, como ocurrió con Chile y Argentina por el canal de Beagle. Los plebiscitos pueden hacerse a solicitud del gobernante, para decidir sobre algo general y puntual, que no requiera de conocimientos técnicos ni profundos. Porque de otra manera sirven a intereses mezquinos que quieren beneficiarse con el río revuelto, que suele provocar la propaganda periodística mal intencionada. Y así resulta una herramienta peligrosa que desnaturaliza o desestabiliza el poder que se le ha otorgado al gobernante y que puede ser usada por los opositores para dividir y cogobernar, sin haber sido elegidos.

Por último, quiero insistir sobre la reelección del Poder ejecutivo. Pienso que es democrático poder reelegir a un presidente las veces que los ciudadanos quieran, porque a las pruebas me remito, ya que en mi país los gobiernos se han sucedido alternativamente de un partido o de otro y no por eso, resultaron más honrosos ni eficaces. De modo que cuando un presidente responde a las expectativas del pueblo, el no poder reelegirlo resulta una proscripción injusta y antidemocrática. Pero esto siempre debe acompañarse con la revocatoria, porque lo que resulta injusto y antidemocrático es cuando el gobernante, en alternancia o no, no cumple con lo que prometió al pueblo y la única forma de castigarlo es revocando su mandato.

LA JUSTICIA EN LA CORRUPTOCRACIA

Cuando la Justicia funciona, es independiente, rápida, gratuita e igual para todos. Cuando no funciona, es lenta, costosa y sólo existe para el poderoso.

En la corruptocracia, el Poder Judicial sirve de base a la corrupción y se inserta en ella. No hay corrupción sin justicia cómplice.

En cambio en la democracia la justicia debería funcionar, los corruptos serían delincuentes y estarían en la cárcel.

En nuestro país, la Justicia es mala y lenta. Existen jueces de carácter monárquico, que permanecen en el poder hasta que la muerte los separe de él.

Un individuo, puede pasar más tiempo esperando ser sentenciado, que el que le hubiera tocado de resultar culpable por el delito que se lo quiere juzgar. Y algunos señores con poder, jamás son juzgados por sus delitos y si lo son, consiguen que les dicten sentencia en poco tiempo ¿Por qué será?

Porque la "falta de mérito", la "falta de pruebas" y las "extinciones de las causas" fueron pensadas para esa gente poderosa.

¿Es que acaso existen pruebas en la corrupción?

Nunca, porque se pueden evadir, borrar y ocultar pruebas, usando el poder. En general, los corruptos son funcionarios que pueden disfrazar, distorsionar los hechos o modificar datos oficiales, usando el poder en su beneficio. O sea, puede cometer robos, estafas, cobrar coimas, etc. ocultando las pruebas. En cambio, cuando un ciudadano cualquiera, comete un delito, la prueba puede obtenerse.

Por eso es que los delincuentes proliferan en ambos

extremes de las clases sociales. Por un lado, están los delincuentes con poder y por otro, los "delincuentes comunes" (se laman así para diferenciarse de los poderosos).

¿Y contra quiénes delinquen ambos? Contra la clase media, que como su nombre lo indica, está en el medio, como en un sándwich, o sea, entre los delincuentes pobres que no tienen poder y los ladrones poderosos, de traje y corbata, que se aprovechan haciendo grandes negocios, evadiendo impuestos por la falta de controles. Tal vez sea por eso, que en casi todos los países, la clase media tiende a desaparecer.

Por eso digo, que nuestra Justicia es tan lenta y sus tasas son tan altas, que se diría que no existe.

Cobrar impuestos por brindar justicia, es algo insólito. Es lo mismo que ponerle impuestos a la vida.

Aunque se podría argumentar, que hay modos de declararse indigente y lograr una defensa oficial, sin abonar los gastos. Y es cierto, pero no debería ser por vía de excepción que se obtenga ese derecho, sino que la administración de Justicia, no debería tener impuestos como no los tiene el dictado de las leyes por el Congreso. Simplemente, es nuestro derecho, pero en cuestión de impuestos, mejor es que no nos asombremos, porque pueden aparecer algunos, que graven el saludo, la buena salud o los días de sol. Es cuestión de que a algún legislador se le ocurra la idea.

Pero insisto, la base de la corruptocracia es la corrupción Judicial.

La lentitud de la Justicia se ampara en la falta de controles. Aún cuando sería muy fácil poder hacerlo. Porque se puede saber si en un Juzgado se trabaja con la celeridad que se requiere.

¿Cómo? Hay fechas de inicio en los expedientes, hay

cantidades de causas que ingresan y que se registran, hay fechas en que se dictan sentencias. De modo que con una simple computadora, la eficiencia judicial podría hasta fotografiarse.

¿Pero quién le pone el cascabel al gato, si hasta los "Juris de enjuiciamiento a magistrados" son manejados por los partidos políticos, porque el parlamento no es libre y depende de ellos.

Sin embargo, también podríamos lograr que el pueblo controle a ese Poder del Estado.

¿Cómo? Renovando el plantel de jueces cada 6 años y sorteando nuevos jueces. Entonces se podría controlar a través del nuevo juez, si el anterior cumplió con su tarea debidamente

¿Acaso no nos regocijamos hablando de la alternancia de los poderes?

El poder ejecutivo puede elegirse cada 4 años, el poder Legislativo, aunque con trampas, se renueva en un determinado tiempo ¿Y el judicial? ¿Por qué no? Porque es una casta intocable, inamovible y por lo tanto, monárquica.

Por eso, propongo modificar las leyes y la Constitución Establecer la reelección indefinida con derecho a plebiscito revocatorio por parte del pueblo, para que pueda quitarle la representación, por incumplimiento de promesas electorales o mal desempeño, pero únicamente para el poder Ejecutivo, que es unipersonal y está formado únicamente por el presidente (no por el vicepresidente)

Y propongo un Poder Legislativo no electivo, sino con legisladores nombrados por sorteo desde un padrón de ciudadanos que cumplan con ciertos requisitos y donde puedan inscribirse para participar.

También podemos instrumentar un Poder Judicial

renovable mediante un sorteo, utilizando un padrón donde se inscriban los que rindieron y aprobaron para ser jueces. Como también sería importante, el sorteo para los cargos públicos, previo examen de aptitud aprobado en la Universidad, para que estos empleos no serán un reservorio de nombramientos políticos.

LOS MITOS POLÍTICOS

Son un punto importante a considerar en la corruptocracia. Uno de los más comunes, es el de creer que los servicios brindados por empresas del Estado son más costosos e ineficientes que los de las privatizadas.

Recordemos cuando en nuestro país, algunos pseudos periodistas aconsejaban privatizar hasta el aire.

Lo que sería bueno, es que aquello que se quiera privatizar no fuera rentable para el país. Pero lo que suele privatizarse o "entregarse", son las empresas con mucha riqueza potencial, porque nadie apuesta a invertir en algo que no sea un negocio seguro.

De esta forma, las multinacionales, se apoderan de las empresas telefónicas, del gas, del agua, de los bancos, las aerolíneas, los cultivos, las industrias, etc. Y sin correr ningún riesgo, se llevan el dinero fuera del país.

Este mito de la conveniencia de las privatizaciones, fue difundido por la prensa amarilla o por los cabilderos, como lo fueron Mariano Grondona y Bernardo Neustad, entre otros, que insistieron en hacernos creer que las privatizaciones y las inversiones extranjeras, beneficiaban al país.

Sin embargo, esto resulta fácilmente rebatible, porque son innumerables los ejemplos de empresas estatales, como hay en Francia, en Alemania y en otros países, donde las empresas del estado son muy rentables y eficientes. Pero a la vez, podemos mostrar una larga lista de privatizaciones que resultaron inservibles y perjudiciales.

En cuestiones de mitos, los políticos son audaces. Y hablan de "ESTABILIDAD" económica, como de algo bueno en sí mismo y eso es algo tan absurdo que nadie puede sostener, porque sólo puede resultar buena, cuando la sociedad ha alcanzado un buen nivel de bienestar general.

Porque la estabilidad es como decirle a alguien que se quede quieto, que no se mueva y hacerle creer que esa actitud lo llevará adelante, es decir, lo hará progresar.

Nada es más falso, porque se podría comparar esto con un espejo, en donde cada uno se ve en un determinado sitio y de donde no se puede salir. El rico sigue siéndolo y el pobre, también.

¿Pero eso es Justo?

Esto tendría respuesta positiva si la estabilidad fuera un modo de mantener el bienestar de un pueblo, donde hay pleno empleo y donde la justicia existe. Pero cuando la estabilidad significa inmovilidad de precios, de salarios y por si fuera poco, hay falta de empleo y la pobreza hace estragos, la rigidez y la inmovilidad de la situación benefician sólo a las clases pudientes (porque pueden mantenerse en ese sitio sin sufrir nada)

Los ricos quieren estabilidad, el pobre es quien no la puede soportar, porque necesita mejorar su situación.

La mal llamada "estabilidad" en nuestro país, lograda por decreto del ex-presidente Menem, fue una mera palabra sin significado, porque la recesión que trajo aparejada, fue peor que la hiperinflación.

Pero, mientras eso ocurría, las cadenas de

Hipermercados multinacionales y los otros negocios similares, se expandieron por el territorio nacional y se llevaron las divisas al exterior, sin que nadie se diera cuenta.

Así fueron a la quiebra las empresas nacionales que no tenían dinero para competir y se produjo mayor desempleo.

Los argentinos de clase media, llenábamos en los nuevos Supermercados, carritos con mercadería barata, porque no calculábamos el costo de la pobreza, o el "costo país" de nuestras acciones.

Otro mito de la política, es el de creer que la república y la democracia, son sistemas opuestos a los gobiernos totalitarios o de facto o a las dictaduras, cuando en realidad, la república es el sistema que se opone sólo a la monarquía. Y en la comparación entre ambos, no siempre obtiene laureles la república.

Vale recordar, que las monarquías han impulsado, casi siempre, al engrandecimiento de países como Francia, España, Inglaterra, Alemania, entre otros. Y en las repúblicas, por lo general, los países se han empobrecido a causa de esas luchas que, muchas veces, se convirtieron en guerras civiles y en anarquías retrógradas, gracias al oportunismo de la clase política.

Una anécdota de mi juventud, me recuerda cuando una vez, leí en una revista, que Jorge Luís Borges decía que él era monárquico, lo cual me pareció, por entonces, una verdadera locura, mucho más viniendo de un hombre tan admirado por todos.

Pero hoy, a la luz de estas pseudos-repúblicas, he podido comprender mejor el alcance de aquél pensamiento, aunque no lo comparta, porque sigo creyendo que la república democrática sería el mejor de todos los sistemas, si le permitieran existir.

Otro mito interesante de la política, es el de la LIBERTAD.
Yo podría darles una larga lista de libros que nadie puede leer, ni comprar porque no están en las librerías porque están prohibidos o censurados. Pero nos quieren hacer creer que nosotros tenemos libertad para enseñar o aprender, utilizando cualquier libro. (Si lo encuentra, por supuesto).
También afirman que podemos opinar libremente, pero eso está condicionado a que no hablemos en contra de ciertas cosas, como por ejemplo, en contra de la democracia, ni a favor de tal o cual, ni hagamos discriminaciones. Como si discriminar, no fuera un acto natural del cerebro o una facultad propia de nuestra mente sin cuya función, nadie podría distinguir lo malo de lo bueno.
Lo que sí puede condenarse socialmente, es el desprestigio o desprecio público, de razas, religiones o personas.
Lo mismo sucede con el derecho de opinión, cuando se dice que el hombre puede manifestar por escrito o de cualquier otra forma, lo que piensa u opina respecto de cualquier cosa. Pero en realidad, estos derechos carecen de valor si no se agrega a ello, el derecho que tenemos a ser oídos. Es un derecho implícito al de opinión. Opinar sólo cobra valor cuando alguien escucha.
¿Acaso conocemos algún gobernante actual, que se interese por la opinión del pueblo?
En la democracia, el gobernante debe oír lo que el pueblo reclama y atender a sus necesidades.

Otro mito muy reciente, es el de creer que las ideologías han desaparecido, cuando lo que ha ocurrido, es que nos han lavado el cerebro. Porque el imperialismo dominante, ha trabajado durante años, con propagandas verbales o escritas, por radio, televisión, etc. y fueron destruyendo las buenas costumbres familiares, aniquilando a la educación y la cultura en pocos años.

Y todo para evitar que nadie tenga ninguna ideología, menos aún aquellas que defiendan sus derechos.

Esta es la política del "avasallamiento". Se penetra en una sociedad por la pantalla de TV y por cadenas radiales o a través de la prensa escrita y se la condena al consumismo, a la droga, a la pornografía.

Se invierten los valores morales y así les resulta más fácil la dominación económica.

Podríamos seguir analizando mitos, pero vamos a hacer una comparación con los mitos griegos, donde por lo general, los hombres luchaban con seres imaginarios, mitad hombres y mitad bestias.

En los mitos modernos de la política, el hombre lucha con bestias enteras, encarnadas en hombres sin escrúpulos.

La opresión económica no es un mito ni una leyenda, ni un cuento. Es la forma más moderna de hacer la guerra, de matar y esclavizar.

Por eso, el mayor mito de la política es la democracia americana o de Estados Unidos.

Porque desde que nacimos, nos dijeron que era un modelo de valores democráticos, de libertad y de virtudes republicanas, que debíamos seguir como ejemplo. Y no sólo nos lo dijeron por todos los medios, en todas las cátedras y conferencias, sino que nuestros gobiernos recibieron permanentemente asesoramiento para convertirse en dignos discípulos de esa panacea americana.

Pero veamos, de qué se trata el sistema político más elogiado del mundo, al que Michel Moore, describe en "Mike for president"

O mejor, revisemos parte del reportaje, realizado el 31 de Enero de 2008, por Red Voltaire /InSurgentes a Ashati Alston:

Periodista: Sabiendo que todos los movimientos de oposición fueron siempre objeto de una vigilancia muy cercana, que en el mejor de los casos fueron desacreditados y, en el peor, eliminados, ¿podría decirse que en los Estados Unidos hay realmente una democracia?

Ashanti Alston: Yo iría aún más lejos diciéndole que Estados Unidos nunca ha sido una democracia. Se establecieron en este continente mediante el exterminio de los pueblos indios que vivían en él. Fueron a África a secuestrar a millones de negros para convertirlos en esclavos, etc. Si recordamos que todo eso fue la base de lo que iba a convertirse en Estados Unidos, ¡no queda más remedio que reconocer que este país jamás podrá ser una democracia! En esas circunstancias, este país no puede ser más que una sociedad clasista basada en la opresión racial, aunque se hayan mantenido las apariencias de la democracia para servir a los intereses de la clase dominante. Por eso sigue existiendo tanta oposición entre blancos y negros, entre ricos y pobres, entre hombres y mujeres. Ellos usan y abusan desde el principio de la palabra «democracia» para dar la impresión que Estados Unidos es un país lleno de humanidad. Pero esta sociedad siempre ha estado corrompida. Así que tenemos que tener cuidado de no creer en su propaganda. La gente que se encuentra en la parte baja de la escala social no ha vivido nunca la experiencia de la democracia. (….)

---Hoy en día, Estados Unidos parece estar atravesando una situación de crisis parecida, con Afganistán e Irak.

Pero, ¿cuáles son las fuerzas disidentes en el terreno?

Ashanti Alston: Uno de los movimientos más visibles en Estados Unidos es el movimiento contra la guerra en Irak. En realidad, la gente que entró en ese movimiento para poner fin a la guerra en el extranjero proviene principalmente de la comunidad blanca, pero no reconocen la guerra desatada contra los ciudadanos de las clases pobres, en el interior mismo de Estados Unidos, porque eso trae de nuevo a colación la cuestión del racismo. A pesar de eso, ese movimiento sigue aglutinando a la gente. Hubo momentos en que 7 millones de personas salieron a las calles para protestar contra la guerra. Pero al mismo tiempo, los que están en la capa baja de la sociedad sienten que hay una guerra contra ellos. Si los que protestan quieren dar prueba de verdadera honestidad intelectual, deben reconocerlo.

----Aparte de la oposición a la guerra contra Irak en sí misma, ¿realiza ese movimiento una verdadera crítica de las causas de esas guerras?

Ashanti Alston: Yo diría que mucha de la gente que está en contra de la guerra es lo que yo llamaría «liberales». No hacen críticas ni análisis lo suficientemente profundos sobre el sistema. Sólo están en contra de la guerra, no en contra del capitalismo que creó las condiciones para esa guerra. Muchos de ellos no están preparados para eso. Es más seguro pronunciarse solamente contra la guerra en Irak, en vez de poner en tela de juicio los fundamentos mismos de Estados Unidos, el imperio que ha permitido que tenga lugar esa guerra.

----Entonces, ¿las ideas del movimiento anti-guerra son equivalentes a las del Partido Demócrata?

Ashanti Alston:

No están muy lejos del Partido Demócrata, pero tampoco lo están de los republicanos, en el sentido que ambos quieren que se mantenga el sistema. Sin embargo, el movimiento anti-guerra tiene la posibilidad potencial de inclinarse a la izquierda y de convertirse en realmente revolucionario

----La mayoría de los que lo dirigen no son verdaderamente críticos hacia la sociedad clasista, basada en la discriminación racial. ¿Hay otros movimientos contestatarios en Estados Unidos?

Ashanti Alston: Siempre existe una resistencia en Estados Unidos, pero no se oye hablar de ella por causa del poder de los medios masivos de difusión. Incluso para los que viven en los propios Estados Unidos resulta difícil enterarse de que hay gente luchando aquí. He tenido a menudo la oportunidad de hablar en universidades o ante mi comunidad. La mayoría es gente mal informada sobre las diferentes formas de existencia que están actuando, ¡hasta entre los propios activistas! Así que me imagino lo que pasa entre la gente que vive fuera de Estados Unidos. ¡Todos deben pensar que estamos sometidos al imperio!

----El programa del Black Panther Party trató de ser popular y pragmático, para responder a las necesidades y a las difíciles condiciones de vida de la comunidad negra en los años 60 y 70 .Treinta años después, ¿puede decirse que la situación de los ghettos negros estadounidenses ha cambiado?

Ashanti Alston: Las condiciones de los ghettos son desgraciadamente peores de lo que nunca fueron en los años 60. ¡Absolutamente peores! Hoy vemos los resultados del «aburguesamiento» y la tasa de encarcelamiento. Son dos cosas que están relacionadas. El «aburguesamiento» es cuando los bancos y los políticos trabajan juntos para reorganizar las zonas que habitan las comunidades pobres en función de los intereses de la clase media y de las clases superiores. Ese «aburguesamiento» está destruyendo a nuestra comunidad y nos envía a otros lugares, con los mismos problemas de precariedad. En ese sentido, están dividiendo a nuestra comunidad y destruyéndola más rápidamente que en el pasado ya que también proveen armas y droga. Eso ha permitido que las figuras del Gansta rap, a deportistas de alto nivel y estrellas del entertainement inciten a los jóvenes a recurrir a cualquier medio con tal de hacerse ricos rápidamente. Por eso es que un artista como 50 Cent se ha hecho tan popular. Pero lo que sucede concretamente es que muchos de esos jóvenes acaban en prisión. Así entran [a un sistema de trabajo obligatorio no remunerado] esa nueva forma de esclavitud que se desarrolla en prisión. Los problemas de hoy son diferentes a los de antes porque las consecuencias desastrosas de ese precario modo de vida aparecieron muy rápidamente. El VIH sigue siendo un grave problema, al igual que la maternidad precoz. Las escuelas siguen destruyendo la mentalidad de los jóvenes obligados, que se ven obligados a asistir a ellas aunque no reciben allí educación alguna sino que, por el contrario, se les embrutece. Todos los métodos que utilizamos nosotros en los 60 y 70 deben ser revisados, repensados, para retomar nuestra lucha revolucionaria con más creatividad. Usted menciona un punto importante y desconocido en el extranjero, el del trabajo forzado en las prisiones estadounidenses.

----Usted mismo pasó varios años en prisión por causa de su lucha revolucionaria en el seno del Black Liberation Army. Supongo que usted haya seguido la evolución de las condiciones de vida en prisión desde aquella época. ¿Cómo son actualmente?

Ashanti Alston: Yo estuve en prisión desde mediados de los años 70 hasta mediados de los 80, era la época del fin de un gran movimiento revolucionario existente en las propias prisiones. Aquello comenzó con el asesinato de George Jackson en la prisión de San Quintín, en agosto de 1971. El era uno de los más importantes líderes de aquel movimiento y lo mataron. A mediados de los años 70, pude comprobar el debilitamiento de la conciencia revolucionaria en la mayoría de los presos y un aumento de la cantidad de jóvenes que llegaba a las prisiones, algunos de ellos eran miembros de pandillas. Estaban condenados a penas más largas. Lo que el sistema carcelario estaba haciendo era lo mismo que estaba pasando afuera: les daban más bienes materiales a los presos. Bienes que los ayudaban a desviar su atención de la opresión. Ahora tienen televisión con todos los canales, la radio, cosas que se pueden comprar en las tiendas de las cárceles. Se hizo eso para que la gente evite pensar de forma revolucionaria.

----Es el mismo fenómeno que se producía en las calles. En su opinión, ¿cuál es la primera prioridad de los excluidos de hoy? ¿Los «derechos sociales»?

Ashanti Alston: En mi opinión, la opresión lleva a la gente a luchar por sus derechos, pero eso se fundamenta siempre en la idea de que se espera cierta generosidad por parte del opresor. Usted quiere convencerlo de que haga algo que vaya en el sentido de la justicia. ¡Yo rechazo esa visión de las cosas! Para mí, lo más importante de todo, para los oprimidos, es cuidarse entre sí, que busquen la manera de trabajar entre sí para construir un movimiento revolucionario. En ese caso, la búsqueda de «los derechos» resultará un elemento muy secundario… ya que nosotros tenemos que rechazar la ideología del sistema, la ideología del supuesto «derecho» y utilizar eso para luchar con más vigor, convencidos de que podemos triunfar.

Durante el huracán Katrina, lo único que el gobierno fue capaz de hacer para enfrentar el desastre fue enviar el ejército, en vez de enviar verdadera ayuda para prestar auxilio a la gente. Nueva Orleáns sigue siendo hoy una ciudad devastada.

---- ¿Qué enseñanza saca usted de la impotencia y del inmovilismo del gobierno estadounidense durante esa catástrofe?

Ashanti Alston: Creo que es el ejemplo perfecto de lo que estaba explicando hace un instante. El huracán Katrina no sólo nos reveló el inmovilismo y la impotencia del gobierno sino que nos enseñó que el gobierno no tiene intención de ayudar a los de abajo. Katrina no afectó solamente a los negros, aunque la mayoría eran negros, sino sobre todo a los pobres. No podemos tener fe en este gobierno ni en sus fuerzas militares para solucionar nuestros problemas. Lo que la gente debería retener de eso es nos necesitamos unos a otros, que no necesitamos a un gobierno o a ninguna autoridad. Durante Katrina, la gente tuvo que ocuparse de sí misma y sobrevivir por sí misma. Durante el desastre, e incluso después, hubo ex miembros de los Black Panthers en el lugar de los hechos para ayudar a la gente a defender su barrio, a construir «clínicas» de emergencia, a organizar distribuciones de alimentos y para ayudarlos, más generalmente, a cuidar de sí mismos, porque era evidente que el gobierno no iba a venir a ayudarnos. También tuvieron que enfrentarse a las fuerzas militares que utilizaban sus armas contra la comunidad negra. (.....)

---- ¿Qué piensa usted de los movimientos árabes musulmanes, como Hammas y el Hezbollah?

Ashanti Alston: Es interesante que usted me pregunte eso. Lo que muchos de nosotros, en el seno del BPP, estamos comenzando a saber sobre Hammas y el Hezbollah es que han trabajado durante años para desarrollarse por sí mismos y salvar a su pueblo. Han creado lo que aquí llamamos «programas de subsistencia». Es lo mismo que hicimos nosotros con el BPP. La gente está sorprendida de la fuerza que tienen el Hezbollah y Hammas. Pero es porque [esos movimientos] se mantienen al tanto de las necesidades de la población. Y eso fue una de las cosas más importantes que en su momento hicieron posible la existencia del BPP con sus «programas de subsistencia»: los desayunos gratuitos –free lunch programs– la distribución de ropa y ayudar a la gente a manejar armas de fuego para poder defenderse de la brutalidad policial. Fue así como la gente empezó a apoyarnos y a identificarse con nosotros. Eso mismo es lo que sucede con el Hezbollah y el Hammas. ¡El problema es que hay gente que los rechaza por su religión! Volviendo al ejemplo del BPP, nosotros nos identificábamos con las teorías marxistas, socialistas y maoístas… y los medios utilizaron eso para empujar a la gente a rechazarnos. La gente debe saber que esos dos movimientos árabes han encontrado una vía de resistencia, y que hacen lo mejor que pueden. Estamos de acuerdo en que el Hammas y el Hezbollah siguen un modo de acción comparable al del BPP. Al igual que este último, los califican de «movimiento terrorista» cuando en realidad garantizan la autodefensa de la población, ayuda mediante programas sociales y aspiran a la liberación de su pueblo.

---- Entonces, ¿qué es lo realmente nuevo desde la época del BPP?

Ashanti Alston: Pienso que hay muchas similitudes, en el sentido en que son movimientos que existen para liberar a su pueblo, que ellos también entendieron la importancia de los programas de ayuda social para unir a su pueblo y para crear una fuerza social capaz de sobrevivir y de liberarse de la opresión nacional e internacional. De la misma manera, cuentan con jóvenes dispuestos a sacrificar sus vidas por esa causa. En muchos sentidos, me parece que tenemos muchas cosas en común. No sé cuál es exactamente su visión de la sociedad «ideal» que quisieran construir, pero apoyo en ellos la voluntad de emancipación. La necesitan mucho. No importa lo que haya alrededor. No importa que los cambios surjan en medio de la lucha. Al igual que otros movimientos, no se trata de grupos monolíticos, hay diferentes opiniones e ideas diferentes, y tendrán que reflexionar y luchar para tratar de encontrar las mejores ideas, mientras tratan de consolidarse como comunidad de resistencia. Pero el Hezbollah logró resistir y ganar solo la guerra que Israel desató contra el Líbano durante el verano de 2006.

--- ¿Por qué al BPP le resultó más difícil luchar contra

su propio sistema, mientras que el Hezbollah logró ganar contra Israel?

Ashanti Alston: Buena pregunta. Sin dudas porque el BPP era muy joven. Y el tipo de lucha que estábamos librando era algo muy nuevo para nosotros. No teníamos experiencia alguna, aunque tratábamos de aprender lo mejor que pudimos. Por eso que establecimos lazos con otros movimientos, desde la Organización de Liberación de Palestina (OLP) hasta los movimientos africanos, hasta el Frente de Liberación Nacional de Vietnam. Queríamos aprender lo más rápido posible. Pero al mismo tiempo, el sistema también elaboraba estrategias lo más rápido posible para destruirnos. Ellos tenían experiencia. Ya habían destruido movimientos revolucionarios durante generaciones a través del mundo. Sin embargo, se quedaron estupefactos ante el nacimiento de una revolución dentro de su propio territorio. Así que inventaron el CointelPro. Y como no teníamos experiencia alguna, las tácticas que utilizaron para dividirnos dieron resultado. Sin hablar de los medios de difusión que trabajan para penetrar en los corazones y las mentes de la comunidad negra y blanca con mensajes del tipo «Aléjense de esa gente. No los apoyen. ¡Son terroristas! La situación del Hammas y del Hezbollah es diferente porque ellos pueden luchar de varias formas, han tenido altas y bajas durante dos décadas. Pienso que eso los ayuda en cierto sentido a ser capaces de desarrollar una forma innovadora de organización. Nosotros no fuimos capaces de hacerlo. Pero los éxitos del Hezbollah y el Hammas nos enseñan muchas cosas. Nosotros estamos reflexionando sobre lo que tenemos que hacer para volver a crear un movimiento con esa determinación. En las mentes de muchos occidentales, el choque de civilizaciones, entre las civilizaciones judeocristiana y árabe-musulmana, es algo real, un antagonismo inevitable (…)"

Hasta aquí el reportaje, que ha sido muy ilustrativo de la realidad norteamericana en cuanto a los criterios democráticos que pretende imponer al mundo.

También analizaremos, lo que dice Santiago Camacho en su libro: "Las 20 grandes conspiraciones de la historia", que se basa en otros autores, generalmente, norteamericanos, para que podamos deducir si se trata de una república democrática ejemplar, o de un imperialismo neoliberal que es salvaje, despiadado y esclavista.

Si yo tuviera que definir al imperialismo neoliberal americano, diría que es un sistema de dominación cuyo poder reside en sociedades secretas, grupos de presión y organizaciones con mucho poder económico, que tienen su centro de operaciones en Hall Street y cuyo propósito es un gobierno universal impuesto por la fuerza, que intenta recrear la esclavitud de los pueblos en beneficio propio, desconociendo los derechos humanos de sus individuos.

Si tuviéramos que dar un ejemplo didáctico de su accionar, diríamos que sería como abrir la puerta del gallinero para que entren los zorros, las comadrejas, con el pretexto de que todos deben competir libremente, es decir, medir sus fuerzas con las gallinas y los pollitos.

Pero veamos lo que dice Santiago Camacho en algunas

de sus conclusiones sobre el tema:

"… EEUU siempre ha manipulado la verdad o ha omitido deliberadamente ciertos detalles de la misma:

El desarrollo del programa de armamento nuclear estadounidense ha sido uno de los más graves casos de irresponsabilidad científica.

La marina norteamericana provocó un genocidio silencioso en las Islas Marshall, donde se deportó a la población para efectuar numerosas pruebas nucleares, amparad por la ONU (organización de las naciones unidas)

Se hicieron detonar bombas nucleares, en maniobras militares, por las que los soldados americanos sufrieron cáncer y otras enfermedades.

En 1954, un error de cálculo hizo detonar con 5 veces más potencia de la esperada a un artefacto nuclear que contaminó radiactivamente a miles de seres humanos.

Según el Instituto Nacional de Cáncer, las pruebas nucleares realizadas en Nevada, son culpables de 75.000 casos de cáncer de tiroides y del 40 % de las leucemias infantiles en la zona.

En 1946, más de 200.000 japoneses morían achicharrados en Iroshima y Nagasaki, en razón de la "Causa Justa" de acortar la guerra.

Durante las décadas de 1950, 1960 y 1970, la CIA (Agencia Central de Inteligencia Americana), investigó métodos para obtener el control de la mente humana. Muchos de ellos, empleaban drogas como LSD en ciudadanos particulares, elegidos al azar, y sin el conocimiento de éstos. También se usaron implantes electrónicos, hipnosis y otras herramientas secretas en el "lavado de cerebro".

Estas prácticas tenían como fin, fabricar un "asesino

controlado artificialmente" cuyos actos fueran desconocidos hasta por él mismo.

También los empleados de la CIA y 1500 soldados norteamericanos fueron usados como conejitos de indias en estos experimentos clandestinos, donde hubo suicidios, como el de Olson, un científico del Departamento de defensa y experto en guerra bacteriológica, el que fue intoxicado deliberadamente con alta dosis de LSD en una copa con Cointreau. Muchos opinan que quisieron silenciarlo.

Hay quien incluye en esta categoría de asesinos programados a Lee Oswald, el asesino de John Kennedy, a Shiran Shiran, el de su hermano Robert, a Arl Ray el asesino de Martín Luther King, a Chapman el asesino de John Lenon y otros.

Como vemos, el pueblo norteamericano fue siempre la primera víctima de este sistema de terror.

Y en 1973 se destruyeron todos los documentos sobre el tema.

Al hacerse la autopsia en el estómago de Marilyn Monroe no había rastros de los 8 frascos de barbitúricos que ella tomó, según los investigadores. ¿Cómo se suicidó? ¿Por qué?

Días antes la cadena televisiva ABC, le realizó a ella un reportaje que no salió al aire por ser considerado desestabilizador.

Cierta vez, la actriz le había comentado a un amigo, que conocía muchos secretos sobre los Kennedy, que eran peligrosos.

Desde la muerte de John Kennedy, todos los demás de su familia fueron muertos en circunstancias dudosas y oscuras (Robert y John) o apartados del gobierno con maniobras poco claras (como es el caso de Ted)

Lo primero que surgió fue la teoría del psicópata

solitario. Pero en 1970, el libro " RFK debe morir"de Robert Blair Kaiser, hizo tambalear esta hipótesis por sus incongruencias y para ello se basó en las autopsias de Noguchi.

Por otra parte, el escándalo de WATERGATE, puso en evidencia que la Administración de Richard Nixon, se había dedicado más a actividades del crimen organizado que a gobernar.

El presidente tenía el apodo de "Tricky Dick" (Dick el estafador) y su gobierno fue un sucio juego político, de conspiraciones, obstrucción a la Justicia, destrucción de pruebas, escuchas ilegales, fraude fiscal, apropiación ilegal de fondos públicos y hasta se lo ha relacionado con la mafia que asesinó a John Kennedy.

La desclasificación de los archivos del FBI, durante la década del 80, develó que gran número de figuras de Rock, habían sido vigiladas, por su potencial subversivo

Se diseñó un plan de atentado, que la CIA llamó "Operación Caos" del que fueron víctimas Jonh Lenon, Jimi Hendrix y el movimiento hippie que surgió en San Francisco en 1967, después de Vietnam.

En 1969, fue la matanza de Sharon Tate y la Bianca, donde se experimentó LSD, con un músico fracasado como Charles Manson. También el cantante Jim Morrison, líder de los Doors, fue encontrado muerto en su bañera. Por otro lado hubo "suicidios" misteriosos como el de David Hutchance, líder de INXS, y de activistas como Greenpace y Amnistía Internacional y de Kurt Cobain, del grupo Nirvana…."

Hoy ha trascendido que la primera invasión a Kuwait, por parte de Irak, se debió a una trampa diplomática urdida por la embajada de EEUU en ese país, para justificar la invasión de los aliados.

El cerrojo informativo convirtió a la guerra del Golfo, en el primer Reality Show. Montaje que ya había sido ensayado en la invasión de los norteamericanos a Panamá, donde dejaron numerosas víctimas inocentes.

¡Las cosas que se hacen en nombre del petróleo!

Y todos sabemos que Saddam Husein había sido entrenado y ayudado con armas químicas por EEUU en la guerra contra de Irán.

Luego vino la Segunda invasión del Golfo, bajo el pretexto de encontrar las armas químicas que tenía el "dictador "iraquí Se realizaron feroces bombardeos, asesinatos y torturas contra civiles que aún hoy pagan las consecuencias (especialmente mujeres y niños) Por supuesto, las armas químicas no fueron encontradas.

El pecado de los iraquíes era haber nacido en una tierra con mucho petróleo

Por otro lado, el libro de Thierry Meyssan "La gran Impostura", presenta pruebas sobre que ". Nunca pudo ser un avión el que se estrelló contra el pentágono, sino que los daños fueron hechos por un misil." (refiriéndose al atentado del 11 de septiembre sobre las torres gemelas y el pentágono)

Los terroristas suicidas tenían apoyo en tierra de lo que nada se habló hasta ahora. Tampoco se sabe nada acerca de si el vuelo 93, fue derribado por cazas norteamericanos.

Lo cierto es que la verdad sobre los atentados, aún tiene partes oscuras. Parece que hubo movimientos de dinero, transferencias de acciones significativas y ventas importantes, horas antes de los atentados, que hacen sospechar que alguien conocía acerca de ellos.

También el hecho de que allí no estuviera ninguna figura importante de las que habitualmente solían estar en el Edificio.

Recordemos que estos atentados precedieron a la guerra contra Afganistán.

Gracias al autor del libro, conocemos hoy, los lazos comerciales que unían a las familias de Bin Laden con la de los Bush.

Por otra parte, Santiago Camacho, se pregunta: ¿En realidad Neil Amstrong, pisó la luna?

¿Cómo es posible que en los registros gráficos de los astronautas, la bandera flameara si no había atmósfera, ni viento? ¿Cómo no se vieron las estrellas en las fotografías que tomaron?

Pero todo ha desaparecido de la NASA….”

Yo diría, que bastaría con estos elementos para darnos cuenta de que no existe en Estados Unidos una república democrática sino una corruptocracia de gran poder económico y bélico, cuyo alcance es impredecible.

Bastaría con señalar, que es el único país que condena a muerte a quienes delinquen siendo menores de edad, o que no adhirió a los pactos internacionales para el cuidado del medio ambiente, o con leer los periódicos sobre sus métodos de tortura en su Base de Guantánamo, para los prisioneros de Irak o de cualquier procedencia, para darnos cuenta de cómo se respetan los derechos humanos.

Pero vale aclarar que cuando hablamos de ese diabólico poder, no involucramos al pueblo norteamericano, porque como sabemos éste ha sido víctima en muchas ocasiones de la manipulación, del engaño, para infundirle temor con el fin de lograr la aprobación de sus aventuras bélicas o la justificación de crímenes atroces, como son el bombardeo a la población civil en Irak o haber arrojado la bomba atómica en Iroshima y en Nagasaki, entre otras cosas.

Y nos preguntamos. ¿Para qué EEUU genera guerras?
Porque junto al petróleo y a la droga, las armas son su principal negocio.
¿O por qué creen que es el país más rico y de mayor poder en el mundo?
Pero cuando me refiero al poder, me estoy refiriendo a las sociedades secretas, a los grupos de presión y a las grandes multinacionales que operan allí, pero que tienen sus socios en otras partes del mundo (como en la Unión Europea). Porque no están solos en esto, sino con otros países de la misma calaña.

Para entender a este poder mundial, nada mejor que recurrir al otro libro del escritor y periodista español Santiago Camacho titulado "Las cloacas del Imperio" donde podemos apreciar hechos realmente vergonzosos, falsedades impuestas por la propaganda de EEUU, que constituyen un verdadero "Ministerio de la mentira."
Pero por sobre todo, nos hará entender adónde reside el poder que domina al mundo y a los mismos norteamericanos.
Y dice Camacho: ".EEUU fabricó siempre al enemigo, mediante auto-agresión y fraude, con el objetivo de causar pánico a sus ciudadanos y así obtener la aprobación del plan y del presupuesto bélico.

El accidente provocado por una explosión, que hundió al acorazado Maine en las costas cubanas, fue presentado como un acto terrorista español, para justificar su intervención en la guerra de Cuba, en 1898.

"...El incidente del golfo de Tonkin, fue falsificado para la intervención de EEUU en Vietnam. Es posible que el presidente Roosevelt, conociera anticipadamente los planes japoneses de atacar Pearl Harbor y no hizo nada por evitarlos, ni comunicarlos, para poder intervenir, por esa causa en la segunda guerra mundial.

El atentado al edificio federal de Oklahoma City, en 1995, dio lugar al endurecimiento de la legislación antiterrorista. Otorgando más poderes al gobierno a la CIA y al FBI..."

"... Por otra parte, se sabe que la junta de Jefes de Estado Mayor, planeó escenificar una serie de atentados en EEUU, para instigar una guerra a Fidel Castro....."

"... Brzezinski, quien fuera asesor de seguridad nacional de J. Carter, en su libro de 1997, "The Grant Chessboard:....", Dijo: Sólo la percepción de una amenaza, real o ficticia, puede hacer que una sociedad tan diversa como la norteamericana, alcance un mínimo grado de consenso a la hora de respaldar una intervención armada ...." (Más claro.......imposible)

"...En 1991, Gary Sick, ex asesor de Jimmy Carter, acusa a Reagan y a George Bush de haber negociado con los iraníes el retraso de la liberación de los rehenes de la embajada de Teherán, para obtener una ventaja electoral.

El fraude electoral de EEUU, es antiguo como el país, célebres son los casos donde se usaron padrones de difuntos para manipular resultados. El procesado y recuento de votos en las elecciones presidenciales se puso a cargo de una empresa privada que fue varias veces sospechada de provocar fraudes, por manipulación informática. El Shouptronic, fue fabricado con planos y software secretos, sin que nadie conozca el manejo, salvo la compañía que la fabricó y ésta deja mucho que desear..."

También es sabido, que los peores criminales nazis y japoneses fueron cobijados en el territorio de EEUU y hasta formaron parte de la CIA Esto sirvió para que los norteamericanos desarrollaran su propio programa de armamento biológico y para perfeccionar sus técnicas de martirio.

EEUU siempre ha tenido una doble moral, por un lado se llena la boca hablando de democracia y derechos humanos, pero se niega a adherirse al Tribunal Penal Internacional.

Por si esto fuera poco, ha trascendido que la CIA ha sido el mayor traficante de drogas del planeta, durante los últimos 50 años. Dice el autor: " Con el ingreso del Crack en los guetos negros de EEUU, se realizó una limpieza étnica con el beneplácito de otros poderes. Con el ingreso por narcotráfico se financiaba a guerrilleros, golpes de Estado y operaciones clandestinas, por lo ancho del mundo.

El armamento secreto de EEUU, incluye armas no letales, que pueden por ejemplo, dejar ciegos a los contrarios, pero no por razones humanitarias sino porque un incapacitado crea más problemas al enemigo que un muerto. También posee microorganismos diseñados para destruir materiales determinados y hasta recursos naturales. También armas electromagnéticas que pueden alterar el funcionamiento del cerebro….."

Podemos decir que en EEUU la gente, a veces, teme más a la policía que a los delincuentes. Miles de denuncia por brutalidad policial se reciben día tras día. Para la policía los derechos de propiedad son más valiosos que la vida. Y algunas vidas más valiosas que otras.

Y sigue Camacho. ".. El FBI, es una especie de policía política para silenciar disidentes. La CIA ha convivido con la mafia y ha elaborado planes para matar a Fidel Castro. El dinero negro de la mafia es lavado por Bancos. Y ha contribuido al derrocamiento de dos presidentes de Ecuador (1963-1961)
En Honduras, Nicaragua, Chile, Argentina, El Salvador y Guatemala, miles de personas murieron y fueron torturadas por escuadrones del ejército que habían sido entrenados por la CIA, quien les proporcionó dinero y tecnología.
La muerte de Salvador Allende en Chile, la guerra silenciosa contra el presidente de Venezuela Hugo Chavez, la invasión de Panamá, el bloqueo criminal a Cuba, son algunas de las ingerencias criminales de EEUU en territorio americano…"

¿Pero quién manda en el Imperio?

Ha trascendido, que existen grupos de poder ilegítimos, sociedades secretas, que manipulan la política de EEUU y que forman una elite, que es una especie de oligarquía.

Camacho señala "…Durante años, el más importante, selecto y poderoso de estos grupos formaba un club denominado "Skull and Bones (Calavera y huesos), una sociedad secreta que cada año admite a un selecto cupo de alumnos brillantes del último año de la universidad de Yale. Allí aprendían el oficio de dirigir desde las sombras a la nación más poderosa del planeta. Los admitidos debían ser blancos, varones y ricos. Bush padre e hijo han sido skulls. Y muchas personas con cargos importantes en la política.

Pero el poder de los skulls empalidece cuando hablamos de la CFR (Consejo de Relaciones exteriores) al que han pertenecido todos los presidentes de las últimas décadas y todos los miembros del Gabinete, la mayor parte del Legislativo, del Cuerpo diplomático y presidentes de los mayores bancos y empresas, multinacionales, ejército y organismos de seguridad del país (CIA, FB)

Para muchos allí reside el verdadero gobierno del país, desde su fundación en 1921, es imposible acceder a cualquier cargo político importante, incluido a la Casa Blanca, si no se es miembro del CFR. Esta sociedad, si bien no es secreta, no está reconocida en EEUU por la ley ni por la Constitución, y sus miembros no se eligen democráticamente. Fue creada para aconsejar al gobierno sobre política internacional. Pero actualmente, tiene secuestrado al poder político

Su accionar fue conocido a causa del libro " Tragedia y Esperanza" del Dr. Carroll Quigley quien habla de dinastías financieras europeas y estadounidenses, que pretenden extender el poder económico al político. Los préstamos que les hacen a los países en crisis, les aseguran mantener el dominio sobre ellos......"

".. Su ambición es formar un gobierno mundial que rija el planeta. Rockefeller fue una figura principal de ese grupo y también las personas claves que manejan la información   CBS, NBC, ABC, agencias como Asociated Press, The New York Time,"Washington Post, entre otros) El CFR, según el autor, había tomado por asalto la política norteamericana y como consecuencia, la de muchos países del mundo…"

". La "Comisión Tripartita" formada por América del Norte, Europa y Japón fue fundada por David Rockefeller en 1973, bajo la inocente fachada de "un consejo consultivo para la cooperación global", se oculta un poderoso grupo de presión capaz de controlar de facto a países enteros. Está compuesto por 300 miembros, todos ricos, poderosos e influyentes.

La CFR y la Comisión Tripartita, formada con miembros de la CFR y patrocinada por Rockefeller, son las que acumulan todo el poder político y económico para dominar el mundo (globalización)…"

"…Como puede verse claramente, EEUU y sus socios están muy lejos de ser esa panacea de la democracia que quieren mostrar al mundo. Muchos jerarcas nazis se hubieran espantado ante la crueldad de las últimas guerras propiciadas por el imperio neoliberal en Irak y Afganistán y con el uso, entre otras cosas, de bombas de Fósforo blanco contra civiles…."

¿Pero quienes son sus socios?

En nuestro cerebro está la verdad. Veamos quienes son los que nunca son atacados por el ejército de EEUU, ni por la ONU, ni por el periodismo neoliberal, ni por los Tribunales Internacionales, ni son alcanzados por las leyes de desarme y son "LOS INTOCABLES", pero no de la serie televisiva, sino del planeta.

¿Los descubrió? Son unos cuantos, los hay europeos, asiáticos, americanos, árabes, israelitas y muchos más.

Pero no quiero dejar de destacar un hecho, que pinta de cuerpo entero la manera en que EEUU y sus socios, incentivan el odio entre los pueblos y es que al leer el 3 de Junio de 2004, una nota en un magazine del periódico local "HOY DÍA CÓRDOBA" titulada "OTRO GRAN MONTAJE DE LA CIA" escrita por Manuel Freitas, quedé sorprendida y estupefacta ante los detalles que demostraban la falsificación del video presentado por CNN ante el mundo, donde supuestamente, miembros de Al Qaeda decapitaban en Irak a Nicholas Berg al tiempo que filmaban la ejecución.

Posteriormente, en el sitio web árabe "La voz de Aztlan", se publicaron estudios que demuestran la falsedad del video, que fue sólo un montaje de la CIA para contrarrestar el efecto de la publicación de fotografías sobre torturas de los prisioneros en Irak. Además porque el padre de Nicholas Berg pertenecía a la contra en EEUU.

El ministerio de la mentira, indudablemente, es la institución más venerada en EEUU. Por eso, para conocer la verdad, debemos pensar siempre lo contrario a lo que ellos nos dicen, publican o quieren demostrar.

Con esto, claramente se puede ver de qué forma se quiso influir sobre la opinión pública, especialmente, la norteamericana y fomentar el odio hacia los árabes. Recordemos lo ocurrido en el Líbano, Palestina, Irak, Afganistán y tantos otros. ¿Quiénes seguirán?

Recordemos a Vietnam, Chechenia, Yugoeslavia, los países pobres del África, y en fin, la historia de la injusticia, continuará….

A pesar de todo esto, sigo creyendo que la DEMOCRACIA y LA REPÚBLICA, podrían ser los mejores sistemas políticos, si los dejaran existir.

Pero la corruptocracia se ha instalado en el mundo para quedarse. Y constituye la mayor trampa para la humanidad.

¿Podrá el hombre enderezar el rumbo de la historia?

¿Podrá la razón enfrentarse a estas armas terribles que la inteligencia ha diseñado para esclavizarlo?

No lo sé. Pero al menos, conozcamos la verdad. Alcemos nuestras voces de protesta, para que sepa el mundo que nos duele.

Respetemos y admiremos profundamente a aquellos que luchan por la justicia para lograr la paz y a quienes ofrendan su vida por ella. O a los que eligen otros caminos más pacíficos, donde la mejor arma empleada es tan sólo la palabra, la protesta, la opinión vertida en letras de imprenta.

Y por sobre todas las cosas, sintámonos orgullosos de pertenecer al tercer mundo.

Sí, porque a pesar de que en nuestro país, existen políticos corruptos, negociados salvajes y pobreza extrema, no hemos alcanzado esos niveles de corrupción en el poder, con atroces genocidios como estamos viendo hoy.

No quiero pertenecer a ese grupo de países ricos que obtienen su riqueza en base al genocidio de naciones enteras, sólo porque poseen yacimientos de minerales, de petróleo o de mano de obra barata, etc., ante el silencio, la ayuda o la complicidad de muchos otros países que se autodenominan del primer mundo.

Por eso, yo me siento orgullosa de pertenecer a los países "en vías de desarrollo" pero que defienden los derechos humanos y la dignidad del hombre.

Yo tengo la impresión de que hechos terribles van a seguir sucediendo, sin que nada podamos hacer para evitarlo; salvo salvaguardar la verdad, para las futuras generaciones y asumir un compromiso de no ser nunca indiferente, porque la indiferencia, es la mayor de todas las violencias. Porque como dijo un gran ser humano: "Los actos de los malos son menos malos que la indiferencia de los buenos"

Otra nota para leer :
73.4% de los medios de América Latina utilizan fuentes estadounidenses

Por: Víctor Ego Ducrot:
Fecha de publicación: 12/04/08

Víctor Ego Ducrot es director de la Agencia Periodística del MERCOSUR y del Observatorio de Medios de esa Agencia. Profesor de la Facultad de Periodismo y Comunicación Social de la Universidad Nacional de La Plata

Caracas, 12 de abril de 2008/ "Un dato que nos ilustraría sobre el sigilo y la nocturnidad de la estrategia terrorista mediática, descubierto gracias a informes estadísticos, es que 73.4% de las fuentes utilizadas en todas las informaciones difundidas por los principales de medios de América Latina , entre el 1° de julio pasado y el reciente 1° de abril, sobre temas puntuales con escenarios como Venezuela, Ecuador y Cuba, son de origen estadounidense", señaló el representante de Argentina, Víctor Ego Ducrot, durante el encuentro de intelectuales y artistas por la paz, "Armados de Ideas" Estas fuentes, según informó Ducrot, son de origen públicas, es decir, gubernamentales, o privadas, "entendiendo como fuentes privadas a aquellas que remiten a corporaciones a trasnacionales y a propios medios de matriz estadounidense". A juicio del representante de Argentina, los medios estudiados son calificados como integrantes de la corporación mediática-hegemónica.

En el trabajo de observación rigurosa y metódica de los medios de comunicación, cuyo informe completo estará disponible en el sitio de Internet de la red de intelectuales, "nos tocó incluir las agresiones de Colombia y Estados Unidos a Ecuador y el impacto del aumento constante de los precios de los alimentos, como fenómeno de una nueva cara hegemónica" "Otra medición que hicimos el año pasado, dio como resultado que entre 60 y 65% de los consumidores de información de América Latina dedican 60% de su tiempo de ocio a entretenimiento audiovisual, mismo que está producido, según informes de la UNESCO, por 12 corporaciones estadounidense".

Sobre la base de lo señalado por el ponente, acotó que "deben crearse mecanismos de diagnóstico sobre el comportamiento de los medios de comunicación y generar iniciativas que provoquen herramientas a partir de ese diagnostico, para librar esta batalla contra el terrorismo mediático"

Asimismo, al suscribir las planteamientos generados durante el encuentro, Ducrot resaltó la propuesta de crear medios de un nivel que "nos permitan superar cualitativamente el espacio alternativo", así como avaló la necesidad de aumentar la calidad en la construcción mediática contra-hegemónica para "llegar al sentimiento de la gente, a través de la creación de sentidos comunes; eso es lo que hacen los medios de comunicación: convertir en valores universales un valor de grupo o de clase".

Para ello, instó a revalorizar la categoría de propaganda, porque "el rol de los medios de comunicación, que es crear sentidos comunes, es el rol de la propaganda en el sentido técnico".

Para concluir, Ducrot recordó un enunciado de la socióloga argentina Alcira Algumedo, quien dice que la capacidad de influencia de los grandes medios de comunicación es inversamente proporcional a la capacidad de organización y movilización de los actores y los sujetos sociales colectivos

Por tanto, señaló que no se debe incluir en la categoría de fetiche a los medios de comunicación, puesto que "el problema de la guerra mediática se ganará, en última instancia, en la movilización de los sujetos sociales y esto hay que tomarlo en cuenta al reflexionar en cuanto al rol en nuestra lucha contra del terrorismo

mediático"
(La fuente original de este documento es: Venezolana de Televisión (http://www.vtv.gov)

LECTURA PARA ANALIZAR

Nota de la autora: Este documento es textual y es una obra de **Muammar El Gadhafi**.

EL Libro Verde

Primera Parte

La Solución al Problema de la Democracia

«El poder del Pueblo»

EL SISTEMA
DE GOBIERNO

El problema político del sistema gubernamental es el más importante de aquellos que se presentan a las sociedades humanas.

A menudo, el conflicto que surge en el seno de una familia tiene su origen en este problema.

Este problema ha adquirido mayor gravedad después de la aparición de las sociedades modernas.

Actualmente, los pueblos se enfrentan a este problema persistente y las sociedades soportan los numerosos riesgos y extremas consecuencias que de él se derivan.

Estas sociedades no han tenido todavía éxito para encontrarle una solución definitiva y democrática. Este «Libro Verde» presenta la solución teórica definitiva al problema a del «aparato gubernamental».

En el mundo actual, la totalidad de los regímenes políticos son el resultado de la lucha que libran los distintos sistemas de Gobierno para alcanzar el poder, ya sea esta lucha pacifica o armada, como la lucha de clases, de sectas, de tribus, de partidos o de individuos se liquida siempre por el éxito de uno de esos sistemas, individuo, grupo, partido o clase y por la derrota del pueblo, en consecuencia, la derrota de la verdadera democracia.

La lucha política que conduce a la victoria de un candidato con, por ejemplo, el 51 por 100 del conjunto de los votos de los electores, conduce a un sistema dictatorial, pero bajo un disfraz democrático. En efecto, 49 por 100 de los electores están gobernados por un sistema de Gobierno que ellos no han elegido y que, por el contrario, les ha sido impuesto. Y esto es la dictadura. Esta lucha política puede conducir también a la victoria de un sistema de poder que no represente más que a la minoría, especialmente cuando los votos de los electores se reparten entre un conjunto de candidatos, de los que uno de ellos obtiene más votos que cada uno de los otros, individualmente. Pero si se sumasen los votos obtenidos por los «derrotados», se conseguiría una gran mayoría. Sin embargo, es proclamado vencedor el que tiene el menor número de votos, y su éxito; ¡se considera legal y democrático! Pero, en realidad, se instaura una cobertura democrática falsa.

Esta es la verdad de los regímenes políticos que dominan el mundo actual. Su falsificación de la verdadera democracia aparece claramente: se trata de regímenes dictatoriales.

LAS ASAMBLEAS PARLAMENTARIAS

Las Asambleas parlamentarias son la columna vertebral de la democracia clásica moderna que domina el mundo.

La Asamblea parlamentaria es una representación desvirtuada del pueblo y los sistemas parlamentarios constituyen una solución truncada al problema de la democracia; la Asamblea parlamentaria se constituye, fundamentalmente, como representante del pueblo, pero su fundamento no es, en realidad, democrático, ya que la democracia es el poder del pueblo y no el poder de un sustituto del pueblo... El hecho mismo de la existencia de una Asamblea parlamentaria significa la ausencia del pueblo, pues la verdadera democracia no puede establecerse más que por la participación del propio pueblo y no a través de la actividad de sus sustitutos. Las Asambleas parlamentarias se han convertido en la barrera legal entre el pueblo y el ejercicio del poder al excluir a las masas del ejercicio de la política y monopolizar la soberanía popular por si misma en sustitución de las masas y a los pueblos no les queda mas que la falsa apariencia democrática, que se manifiesta en colorarse en largas filas para depositar las papeletas de voto en las urnas electorales.

A fin de poner al desnudo la realidad de la Asamblea parlamentaria, nos es preciso buscar su procedencia: o bien es elegida en circunscripciones electorales, o bien es constituida por un partido o una coalición de partidos o por designación. Pero ninguno de estos medios es democrático, pues el reparto de los habitantes en circunscripciones electorales significa que un solo diputado representa, según el número de habitantes, a miles, a centenares de miles o a millones de ciudadanos. Esto significa también que el diputado no está vinculado por un lazo orgánico popular con los electores, puesto que es considerado, según la democracia clásica existente, como el representante de todo el pueblo junto con los restantes diputados. A partir de ahí, las masas se separan definitivamente del diputado y el diputado se separa definitivamente de las masas. Por lo tanto, desde que recibe los votos, el diputado se convierte en monopolio de su soberanía y obra en su lugar y así vemos que la democracia clásica que actualmente existe en el mundo, otorga a los miembros de las Asambleas parlamentarias una veneración y una inmunidad que niega a los miembros del pueblo. Esto significa que las Asambleas parlamentarias se han convertido en un medio de usurpar y de monopolizar el poder del pueblo y, por ello, los pueblos tienen hoy derecho a luchar a través de la revolución popular, para destruir los instrumentos de la monopolización de la democracia y de la soberanía que niega la voluntad de las masas y que se llaman Asambleas parlamentarias y a proclamar su grito resonante representado en un nuevo principio: «El pueblo no puede ser sustituido por nadie».

Cuando la Asamblea parlamentaria se forma como consecuencia del triunfo de un partido en unas elecciones es una Asamblea de partido y no por la Asamblea del pueblo, y representa a un partido y no al pueblo, el poder ejecutivo detentado por la Asamblea parlamentaria es el poder del partido vencedor y no el poder del pueblo. Lo mismo ocurre con la Asamblea parlamentaria en el seno de la cual cada partido dispone de un cierto número de escaños; los titulares de estos escaños son los representantes de su partido y no los representantes del pueblo y el poder que emana de una coalición semejante es el de los partidos de la coalición y no el poder del pueblo. En tales regímenes, el pueblo es la presa por la que se combate y es entonces explotado y sometido por los sistemas políticos que combaten entre sí para alcanzar el poder, para arrancar votos al pueblo, mientras que este se alínea en filas silenciosas, que se mueven como un rosario, a fin de depositar las papeletas en las urnas, de igual modo que echaría otros papeles en los cubos de la basura... Esta es la democracia clásica que domina al mundo entero, bien se trate de regímenes de partido único, de regímenes bipartidistas o multipartidistas, e incluso, sin partidos. Así se demuestra claramente que «la representación es una impostura».

En cuanto a las Asambleas que se forman por la designación o la sucesión no tienen ningún aspecto democrático.

Teniendo en cuenta que el sistema de elección de Asambleas parlamentarias descansa sobre la propaganda para alcanzar votos, se deduce que se trata de un sistema demagógico, en el verdadero sentido de la palabra. Es posible comprar y manipular los votos al mismo tiempo que es imposible para los más pobres competir en las luchas electorales, las cuales ganan los ricos únicamente.

Son los filósofos, los pensadores y los escritores quienes se han hecho abogados de la teoría de la representación parlamentaria, al mismo tiempo que los pueblos eran negados, sin saberlo, como rebaños, por los reyes, los sultanes, los conquistadores... La máxima aspiración de los pueblos en aquella época era tener a alguien que les representase ante aquellos gobernantes, los cuales rechazaban esta fórmula. Y por eso, los pueblos luchaban larga y amargamente para conseguir esta aspiración. No es, por tanto, razonable que ahora, después de la victoria de la era de las repúblicas y el comienzo de la era de las masas, la democracia sea tener un pequeño grupo de diputados para representar a grandes masas. Es una teoría anticuada y una experiencia superada. El poder debe ser enteramente del pueblo.

Las dictaduras más tiránicas que el mundo ha conocido y se han establecido a la sombra de Asambleas parlamentarias.

EL PARTIDO

El partido es la dictadura contemporánea... es el instrumento de Gobierno de la dictadura actual... ya que representa el poder de una fracción sobre el conjunto. Es, en nuestros días, el último de los sistemas dictatoriales conocido. Y, como el partido no es un individuo, refleja una democracia aparente, forjando asambleas o comisiones y propaganda a través de sus miembros. El partido no es de ningún modo un sistema democrático, puesto que se compone o de gentes que tienen los mismos intereses... o los mismos puntos de vista... o la misma cultura... o forman parte de una misma creencia... o son del mismo lugar, los cuales forman el partido para conseguir sus intereses o para imponer sus opiniones o extender el poder de su doctrina a toda la sociedad.

El objetivo de un partido es alcanzar el poder con el pretexto de la ejecución de su propio programa. No es democráticamente admisible que un partido gobierne a todo un pueblo, pues éste está constituido de muchos intereses, opiniones, ideologías, orígenes, lugares y creencias.

El partido en un instrumento de Gobierno dictatorial que permite a los que tienen las mismas concepciones o los mismos intereses, gobernar a todo el pueblo completo, a cualquier pueblo. Así, con relación al pueblo, el partido es una minoría. El objetivo, al formar un partido, es crear los instrumentos que permitirían gobernar al pueblo... Es decir, gobernar a los que están fuera del partido por medio del partido, pues este se funda, esencialmente, en la teoría autoritaria y arbitraria, a saber, el despotismo de sus miembros sobre los restantes elementos del pueblo.

El partido supone que su llegada al poder es el medio de realizar sus objetivos y que sus objetivos son los del pueblo. Esta es la teoría en la que se basa cualquier dictadura. Sea cual sea el número de partidos, esta teoría es siempre la misma. Incluso la existencia de varios partidos exacerba la lucha por el poder, lo que conduce al aniquilamiento de todo logro del pueblo y sabotea cualquier plan que sirva a la sociedad, porque destruir las realizaciones y sabotear los planes es la justificación de la tentativa de tirar de la alfombra bajo los pies del partido rival al del poder para que le sustituya el partido en el poder. La lucha de los partidos entre sí, si no se resuelve por la lucha armada - lo que es raro- toma la forma de la condena y el desprecio de los hechos mutuamente. Es un combate que se desarrolla necesariamente al precio de los intereses vitales y supremos de la sociedad, alguno de los cuales, sino no todos, serán victimas de la lucha de los instrumentos de Gobierno para alcanzar el poder.

Precisamente, en el hundimiento mismo de estos intereses, el partido (o los partidos) de oposición encuentra la justificación de sus argumentos contra el partido o los partidos que están en el Gobierno.

El partido de oposición, como aparato de Gobierno, para alcanzar el poder debe necesariamente desmontar el sistema de Gobierno que está en el poder y para hacerlo debe minar las realizaciones y sembrar la duda en sus planes, incluso si estos son beneficiosos para la sociedad, con el fin de justificar su inutilidad como instrumento de Gobierno.

De esta manera, los intereses de la sociedad y sus programas se convierten en victimas de la lucha de los partidos por el poder. Por supuesto, que el conflicto nacido de la multiplicidad de partidos suscita una actividad política intensa, pero no es menos cierto que este conflicto es, por una parte, destructor política, social y económicamente y por otra parte, se resuelve siempre por la victoria de un sistema de Gobierno similar al precedente, es decir, por la caída de un partido y la victoria de otro. Pero se trata siempre de la derrota del pueblo y por lo tanto, de la derrota de la democracia.

Por otro lado, los partidos pueden ser comprados y sobornados, tanto desde el interior como desde el exterior.

El partido se funda y ya se erige en representante del pueblo. Después, la dirección del partido se convierte en representante de los miembros de dicho partido; después, el presidente del partido se convierte en representante de la dirección. Así, el juego de los partidos se revela como un juego cómico engañoso, basado sobre una caricatura de la democracia de contenido egoísta y dominante y contenido fundado sobre las maniobras, las confusiones y el juego político, pero que afirma que el partidismo es, por tanto, el instrumento de la dictadura, aunque moderna. El sistema de partidos es una dictadura al descubierto, sin máscara, que el mundo todavía no ha superado. Es, realmente, la dictadura de la época contemporánea.

El parlamento del partido vencedor es el parlamento de ese partido; el poder ejecutivo puesto en marcha por el parlamento es el poder "del partido sobre el pueblo; el poder del partido que supone estar al servicio de todo el pueblo es, en realidad, el enemigo jurado de una fracción del pueblo, constituida por el partido o los partidos de oposición y sus partidarios. La oposición no es, pues, el censor popular del partido en el poder, porque está al acecho por su propio interés para sustituirle en el poder.

Según la tesis de la democracia contemporánea, el censor legítimo del partido en el poder, es el parlamento, donde la mayoría de los miembros pertenece a dicho partido; es decir, que la censura está entre las manos del partido gobernante y el poder emana del partido censor. Así aparece claramente la impostura, la falsificación y la falsedad de las teorías políticas que actualmente dominan el mundo y de donde ha surgido la democracia clásica en su forma actual.

«El partido representa sólo a una fracción del pueblo, mientras que la soberanía popular es indivisible».

«El partido gobierna en representación del pueblo, pero lo correcto es no sustituir al pueblo».

El partido es la tribu de los tiempos modernos... es la taifa. La sociedad gobernada por un partido único es de todo punto comparable a la gobernada por una sola tribu o una sola taifa, pues el partido representa, como ya ha sido señalado, los objetivos de sólo un grupo de gente o los intereses de sólo un grupo de sociedad o una sola creencia o un solo lugar.

El partido es, a fin de cuentas, una minoría en relación con el número total del pueblo, lo mismo que la tribu, o la taifa. Esta minoría tiene intereses o creencia de taifa común. De estos intereses o de esta creencia se forma la misma concepción. No hay diferencia entre un partido o una tribu con excepción del vínculo de sangre, que, por otra parte, puede haber existido en el nacimiento del partido. La lucha de los partidos por el poder no difiere en nada de la lucha de las tribus o de las taifas por el poder. Si el sistema tribal o de taifas es políticamente rechazado o vilipendiado, lo mismo ocurre con el sistema de partidos, pues ambos proceden del mismo punto y conducen al mismo resultado. Para la sociedad, la lucha de los partidos tiene un efecto tan negativo y destructor como la lucha tribal o de taifas.

LA CLASE

Que una sociedad esté dominada por una clase, un partido, una tribu o una taifa es finalmente la misma cosa.

La clase, como el partido, la tribu o la taifa es un grupo de la sociedad que comparte los mismos intereses. Estos intereses comunes nacen de la existencia de un grupo de personas que están unidas por ligaduras de sangre, de creencias, de cultura, de lugar o de nivel de la vida. La clase, el partido, la tribu, la taifa nacen de causas idénticas que conducen a un mismo resultado, es decir, que de los lazos de sangre, de creencias, de nivel de vida, de cultura o de lugar, deriva una misma concepción para alcanzar esos intereses. La forma social del grupo se manifiesta entonces bajo el aspecto de una clase, de un partido, de una tribu o de una taifa que pondrá en marcha, a causa social, un instrumento cuya gestión política será la de conseguir los objetivos y los intereses de grupo. En todo caso, el pueblo no es la clase, ni el partido, ni la tribu, ni la taifa. Cada uno de ellos no es más que una fracción del pueblo y no representan más que una minoría. Cuando una clase, un partido, una tribu o una taifa dominan la sociedad, el régimen que existe se convierte en régimen dictatorial. A pesar de todo, la coalición de clases o de tribus es preferible a la coalición de partidos, porque, en su origen, el pueblo esta esencialmente constituido por un conjunto de tribus. Es raro encontrar, en efecto, alguien que no pertenezca a una tribu y toda la gente pertenece a estamentos sociales definidos. Pero todo un pueblo no es miembro de uno o más partidos, y eso es así porque el partido y la coalición de partidos es la minoría frente a grandes masas que están fuera de ellos.

Con arreglo a la verdadera democracia es injustificable que una clase, un partido, una tribu o una taifa aplasten a todas las otras por su propio interés. Admitir tal eliminación significa rechazar la lógica de la democracia y depender de la lógica de la fuerza. Es un acto de dictadura contrario a los intereses de toda la sociedad, que no está constituida ni de una sola clase, ni de una sola tribu, ni de una sola taifa, ni sólo de los miembros del partido. No puede haber justificación para tal actitud. Su explicación dictatorial es que la sociedad se compone, efectivamente, de numerosas partes, pero una de entre ellas debe eliminar a las otras para quedarse con el poder. Tal acción no es entonces en interés del conjunto de la sociedad, sino únicamente en interés de una sola clase, de una sola tribu, de una sola taifa o de un solo partido, es decir, el interés de aquellos que sustituyen el puesto de la sociedad, porque esta medida eliminatoria está esencialmente dirigida contra los miembros de la sociedad que no pertenecen al partido, a la clase, a la tribu o a la taifa que emprende esta eliminación.

Una sociedad inspirada por la lucha de los partidos es en todo punto comparable a la que está destruida por la lucha tribal o de taifas. El partido constituido en nombre de una clase, automáticamente sustituye a esta clase, transformación espontánea que se prosigue hasta que se convierte en sucesor de la clase enemiga a la suya.

La clase que hereda la sociedad, hereda al mismo tiempo sus características. Esto quiere decir que, si por ejemplo, la clase obrera llega a destruir todas las otras clases, se convertirá en heredera de la sociedad, o sea se convierte en la base material y social de la sociedad, y como heredero lleva las características de aquel al que hereda, aunque estas características no aparezcan todas a la vez, pero aparecen durante el desarrollo y sucesivos nacimientos; a medida que el tiempo pasa, las características de las clases excluidas resurgirán en el interior de la misma clase obrera. Los que tienen esas características se diferencian según el carácter. Así, la clase obrera se convertirá, poco a poco, en una sociedad distinta, teniendo las mismas contradicciones que la antigua sociedad.

Los niveles material y moral de los individuos se diferencian en un primer tiempo; después, aparecen los grupos y se transforman automáticamente en clases, las mismas clases abolidas y vuelve a comenzar la lucha para gobernar la sociedad. Primero, cada conjunto de individuos; después, cada grupo; después, cada nueva clase intentarán convertirse en un instrumento de Gobierno. La base material de la sociedad es inestable porque es también social.

Por otra parte, el sistema de Gobierno por una sola base material de la sociedad podría estabilizarse durante cierto tiempo. Pero esta destinado a la desaparición desde el momento en que nacen los nuevos niveles material y social a partir de esta misma base social. Toda sociedad donde se combaten las clases era, en el pasado, una sociedad de clase única. Pero esta misma clase ha engendrado otras clases, de la evolución inevitable de las cosas.

La clase que arrebata la propiedad a las otras y la tiene en su mano con el fin de que el aparato de Gobierno quede en su provecho, encontrar que esta apropiación ha hecho su labor dentro de esta clase, lo mismo ella actúa en el interior de la sociedad como un todo.

En resumen, las tentativas de uniformar la base material de la sociedad, con vistas a resolver el problema del poder o de poner fin a la lucha en provecho de un partido, de una clase, de una tribu o de una taifa han fracasado de la misma manera que las tentativas de satisfacer a las masas por la elección de representantes o conocer su opinión por medio de referéndum; repetirla se convertiría en perder el tiempo de la persona y, burlarse de los pueblos.

EL REFERENDUM

El referéndum es una impostura hacia la democracia. Aquéllos que dicen "SI" y aquéllos que dicen «NO» no expresan realmente su voluntad, sino que están amordazados en virtud del concepto de la democracia moderna y no les está permitido pronunciar más que una palabra: «SI» o «NO». Se trata del sistema represivo dictatorial máximo y más duro. El que dice «NO» debe poner la razón y explicar por qué él no ha dicho «SI». Y el que ha dicho «SI» debe poder justificar esta afirmación y explicar por qué no ha dicho "NO" y qué quiere cada uno, o sea, la razón de su aceptación o de su rechazo.

¿Cuál es el camino que deben seguir entonces los grupos de personas para librarse definitivamente de las épocas de arbitrariedad y de dictadura?

Puesto que en la cuestión de la democracia el problema insoluble es el del sistema de Gobierno, problema que se expresa en la lucha de partidos, de clases, o de individuos, puesto que la invención de los métodos electorales y de los referéndum no es más que un camuflaje del fracaso de estas experiencias incompletas en la solución de ese problema. La solución consiste en encontrar un sistema de Gobierno que no sea uno de todos estos instrumentos que son el escenario de la lucha y que no representan más que un solo lado de la sociedad. Es decir, encontrar un sistema de gobierno que no sea un partido, una clase, una taifa o una tribu, sino un sistema que sea del pueblo entero, y no de su representante ni de su sustituto. Recordemos: «No sustituir al pueblo» y «la representación es una impostura»

Si fuera posible encontrar este sistema, el problema estaría entonces resuelto. La democracia popular llegaría a ser realidad y las sociedades humanas habrían puesto fin a las épocas de arbitrariedad y dictadura, que serían reemplazadas por el poder del pueblo.

El «Libro verde» presenta la solución definitiva al

problema del sistema de gobierno y traza el camino a los pueblos para pasar de las épocas de la dictadura a las épocas de la democracia verdadera.

Esta nueva teoría está fundada en el poder del pueblo, sin sustituto ni representación y realiza una democracia directa de una manera organizada y eficaz. No es igual a la vieja tentativa de democracia directa que le falta la posibilidad de realización en el terreno práctico y que esta vacía de seriedad por la ausencia de la organización popular a los niveles inferiores.

LOS CONGRESOS POPULARES Y LOS COMITES POPULARES

Los congresos populares son el único medio de la democracia popular. Todo sistema de Gobierno diferente a este modo, es un sistema de Gobierno no democrático. Todos los regímenes gubernamentales que prevalecen actualmente en el mundo, no serán democráticos mientras no hayan descubierto este modo. Los congresos populares son el último resultado del movimiento de los pueblos hacia la democracia. Los congresos populares y los comités populares son el fruto final definitivo de la lucha de los pueblos por la democracia. Ellos no son invenciones de la imaginación, sino que son productos del pensamiento humano, que ha asimilado todas las experiencias humanas para conseguir la democracia.

La democracia directa, cuando es puesta en práctica, es indiscutible y es el método ideal de Gobierno. Cuando un pueblo, sea cual sea su población, no puede ser reunido a la vez para discutir, estudiar y decidir su políticos, las naciones se desvía de la democracia directa, que se convierte en una idea utópica alejada de la realidad, y ha sido sustituida por numerosas formas de Gobierno como son las Asambleas parlamentarias, las alianzas de partidos y los referéndum, que terminan por aislar al pueblo de la gestión política de sus asuntos y por usurpar su soberanía, además de monopolizar la política y la soberanía en provecho de estos aparatos sucesivos y entonces lucha por el poder, bien sean individuo, clase, taifa, tribu, parlamento o partido.

Pero el «Libro Verde» anuncia a los pueblos la orientación en el camino de la democracia directa, de acuerdo con un planteo bueno y práctico.

Puesto que en la idea de la democracia directa no hay dos personas normales que estén en desacuerdo, aunque era imposible ponerla en práctica: y puesto que esta Tercera Teoría Universal nos presenta una experiencia realista de la democracia directa, el problema de la democracia se encuentra entonces definitivamente resuelto en el mundo. ¡No queda a las masas más que luchar para abatir todas las formas dictatoriales de Gobierno que dominan actualmente en el mundo y que son de modo falaz llamadas democracias con sus diversas manifestaciones: del parlamento la taifa; de y la tribu y la clase, al partido único, al bipartidismo o al multipartidismo!

La democracia no tiene más que una sola forma y una sola teoría. Las diferencias y las divergencias entre los sistemas llamados democráticos son la prueba de que no son democráticos. El poder del pueblo no tiene más que un solo rostro y no se puedo realizar el poder popular nada más que de una sola manera: por los congresos populares y los comités populares. «No hay democracia sin congresos populares y los comités en todas partes».

Primeramente, el pueblo se divide en congresos populares de base. Cada congreso elige un comité para que lo dirija. El conjunto de estos comités forman los congresos populares para cada zona, diferentes de aquellos de la base para cada zona. Después, las masas de los congresos populares de base eligen a comités populares administrativos para sustituir a la administración de Gobierno. A partir de ese momento, todos los centros de la sociedad se encuentran dirigidos por los comités populares y estos comités populares que dirigen estos centros son responsables ante los congresos populares de base, los cuales les señalan la política a seguir, controlando la ejecución de esta política.

Así, la administración será popular y el control será popular y se pondrá fin a la definición anticuada de la democracia, según la cual "la democracia es el control del gobierno por el pueblo". La definición justa que la sustituirá es: «la democracia es el control del pueblo por el pueblo».

Todos los ciudadanos miembros de estos congresos populares pertenecen, por sus funciones o por sus profesiones. a grupos o a sectores diferentes: obreros, campesinos, estudiantes, comerciantes, artesanos, funcionarios y profesionales. Además de pertenecer como ciudadanos a los congresos populares de base o a los comités populares, pueden constituir sindicatos o aquellas uniones profesionales que les son propias.

Los congresos populares de base, los comités populares, los sindicatos y las uniones integran definitivamente el congreso General del pueblo donde se encuentran los dirigentes de los congresos populares, los comités populares, las uniones sindicales o profesionales.

Lo que sea debatido en el Congreso General del Pueblo, que se reúne una vez por año, será sometido a su vez, a los congresos populares y a los comités populares, a los sindicatos y a las uniones. Los comités populares, responsables ante los congresos populares de base, comenzarán entonces a poner en ejecución el programa así elaborado.

El Congreso General del Pueblo no es el conjunto de miembros o de personas físicas, como en las Asambleas parlamentarias, sino el reencuentro de los congresos populares de base, de los comités populares, de las uniones y los sindicatos y de todas las agrupaciones profesionales.

Así, la cuestión del aparato de Gobierno será resuelta y, al mismo tiempo, se habrá puesto fin a los sistemas dictatoriales. El pueblo se convertirá en el sistema de Gobierno y el problema de la democracia en el mundo quedará definitivamente resuelto.

LA LEY DE LA SOCIEDAD

La ley de la sociedad es el otro problema paralelo al sistema de Gobierno que no ha encontrado aún su solución en el tiempo moderno, a pesar de que se resolvió en otros tiempos de la historia.

Que un comité o un parlamento legislen por la sociedad no es válido y es antidemocrático. Que la ley de la sociedad sea enmendada o derogada por un individuo, una comisión o un consejo, es también inválido y antidemocrático. ¿Cuál es entonces la ley de la sociedad? ¿Quién la elabora? ¿Cuál es su importancia con relación a la democracia?

La verdadera ley de cualquier sociedad es el uso (la costumbre) o la religión; toda otra tentativa para encontrar la ley para cualquiera sociedad, al margen de estas dos fuentes, es no válida e ilógica.

Las constituciones no son la ley de la sociedad. La constitución es una ley positiva fundamental y tiene necesidad de una fuente en la que pueda basarse para que se justifique. El problema de la libertad en los tiempos modernos reside en que las constituciones se han convertido en la ley de la sociedad y en que las constituciones no se apoyan más que sobre las concepciones de los sistemas de Gobierno dictatoriales dominantes en el mundo, bien se trate de un individuo o de un partido.

La prueba está aquí, en la diferencia de una constitución a otra, a pesar de que la libertad del hombre es siempre la misma. La causa de estas diferencias es la disparidad de las concepciones de los sistemas de Gobierno. Este es el punto mortal de la libertad de los regímenes del mundo contemporáneo.

El medio por el que los instrumentos de Gobierno buscan el dominio de los pueblos se consigna en las constituciones y la gente esta obligada a someterse a la fuerza de las leyes derivadas de la constitución que, a su vez, es producto del gusto y de las concepciones del sistema gubernamental.

El derecho positivo de los sistemas de gobierno dictatoriales ha reemplazado al derecho natural.

La ley positiva ha reemplazado a la ley natural y ha perdido las medidas de las cosas.

El hombre es el hombre en todas partes. Es uno en su creación, uno en sus sentimientos. Por ello, la ley natural es una ley lógica para el hombre considerado como tal unidad. Después vinieron las constituciones, como leyes positivas, que contemplan al hombre en su diversidad. Su concepción no tiene otra justificación que la voluntad de los sistemas para gobernar al individuo, un consejo o clase social, o un partido, para dominar a los pueblos. Así vemos, con frecuencia, cambiar las constituciones cuando cambien los sistemas de Gobierno. Esto demuestra que la constitución no es una ley natural, sino más bien el capricho de los sistemas de Gobierno que se establece para servir a sus intereses.

Este es el peligro que acecha a la libertad sobre todo donde la ley verdadera de esta sociedad humana esta ausente y ha sido reemplazada por leyes positivas, sobre las normas destacadas por el sistema de Gobierno con el objeto de gobernar a las masas. Sin embargo, esencialmente, la forma de Gobierno debería adaptarse a la ley de la sociedad y no al revés. Por lo tanto, la ley de la sociedad no puede ser objeto de una redacción o de una invención. La importancia de la ley reside en que es el criterio para distinguir la verdad de la mentira, lo falso de verdadero, así como los derechos de los individuos y sus deberes. Es que la libertad está amenazada en cuanto la sociedad no tenga una normativa sagrada, con reglas estables y sometidos a la transformación o al re-emplazamiento por cualquier de los sistemas de Gobierno, sino que es el sistema de Gobierno quien está obligado a seguir la ley de la sociedad. Pero, actualmente, los pueblos, a lo ancho del mundo, están gobernados por leyes positivas susceptibles de ser cambiadas y derogadas en función de las luchas de los instrumentos de Gobierno para conseguir el poder.

El referéndum de los pueblos sobre las instituciones algunas veces no es suficiente, pues el referéndum, en sí mismo, es una impostura sobre la democracia que no permite más que una sola palabra. Que es "si" o "no".

Los pueblos están obligados a realizar el referéndum en virtud de leyes positivas. El referéndum sobre la constitución no significa que es la ley de la sociedad, pero significa que es solamente una constitución, o sea, que es un objeto sometido a referéndum y nada más. La ley de la sociedad es un patrimonio humano eterno y no es propiedad sólo de los vivos. De esta verdad, redactar una constitución y someterla a referéndum de los presentes es ridículo.

Los códigos de las leyes positivas, emanadas de constituciones están llenos de sanciones materiales dirigidas contra el ser humano, mientras que el uso o la costumbre, casi está desprovisto de ellas. Ya que no prevé sanciones materiales, sino morales, dignas del ser humano. La religión engloba y absorbe al uso. Mayoría de las sanciones materiales en la religión están aplazadas. La mayoría de sus mandamientos son enseñanzas, indicaciones y respuesta a sus problemas y ésta es la ley más apropiada para el respeto del ser humano. La religión no prevé sanciones inmediatas más que en casos extremos a la sociedad. La religión absorbe al uso, que es la expresión de la vida natural de los pueblos. En este sentido, la religión que contiene el uso es una confirmación de la ley natural. Las leyes no religiosas, las de no uso, son creaciones del hombre contra otro hombre. Son, por consecuencia, inválidas, pues están desprovistas de estas fuentes naturales que son el uso y la religión.

QUIEN CONTROLA LA MARCHA DE LA SOCIEDAD

La cuestión está en saber quién controla la marcha de la sociedad para prevenir una eventual desviación con relación a la ley de la sociedad. Democráticamente, ninguna parte puede pretender, en nombre de la sociedad, disponer por sí sola del derecho de control parlamentario. Entonces, "la sociedad es su propio censor"

Cualquier pretensión de cualquier individuo o grupo de ser responsable de la ley, es dictadura, porque la democracia significa la responsabilidad de toda la sociedad y por tanto, el control recae en la sociedad entera. Ésta es la democracia, pero ¿cómo implantarla? Por medio del sistema de Gobierno democrático que resulta de la organización de la propia sociedad en "congresos populares de base" y del Gobierno popular por medio de los comités populares y después por el Congreso General del pueblo (congreso nacional), donde se agrupan los congresos populares, los comités populares administrativos, los sindicatos, las uniones y el conjunto de las demás organizaciones profesionales. Según esta teoría, el pueblo es el sistema de Gobierno y el pueblo, en ese caso, es su propio censor. Así se realiza el autocontrol de sociedad sobre su ley.

COMO PUEDE LA SOCIEDAD RECTIFICAR SU ORIETATACION EN CASO DE DESVIACION DE LA LEY

Si el sistema de Gobierno es dictatorial, como sucede en los regímenes políticos, en todo el mundo y en el caso de desviación con respecto a la ley de la sociedad, la sociedad no tiene otro medio de expresar y de corregir la desviación que la violencia, es decir, la revolución contra el sistema de Gobierno. La violencia o la revolución, incluso cuando expresan la toma de conciencia de la sociedad respecto a esta desviación, no son obra del conjunto de la sociedad. Son solamente emprendidas por aquellos que tienen posibilidad de iniciativa y la audacia de declarar la voluntad de la sociedad. Sin embargo, esta puerta conduce a la dictadura, porque esta iniciativa revolucionaria puede, por necesidad de la revolución, dar el poder a un sistema de Gobierno que sustituya al pueblo, lo que significa que el sistema de Gobierno sigue siendo dictatorial. Por mucho que sean consecuencias de la existencia de una situación anterior no democrática, la violencia y el cambio por la fuerza son, en sí mismas actos no democráticos.

Una sociedad que gira aún alrededor de este axioma es una sociedad retrasada.

¿Cuál es, por tanto la solución?

La solución es que el pueblo llegue a ser el sistema de Gobierno desde los congresos populares de base hasta el congreso General del pueblo, que se ponga fin a la administración gubernamental para ser reemplazada por los comités populares, y que el Congreso General del pueblo sea un congreso nacional, en el que se agrupen los congresos populares administrativos, las uniones, los sindicatos y todas las asociaciones profesionales. Si se produce una desviación respecto a la ley de la sociedad en un sistema semejante seria una desviación colectiva que seria tratada de una manera colectiva, por la revisión democrática y no por la fuerza. La forma de revisar o tratar una desviación no es ya un proceso de erección voluntaria del modo del cambio o del trato, sino una consecuencia ineludible de la naturaleza de ese régimen democrático. En un caso semejante, no hay ningún grupo exterior contra el que pudiera ser dirigido una acción violenta o al que pudiera hacerse responsable de esta desviación.

LA PRENSA

Una persona normal tiene el derecho de expresarse, incluso de una manera incoherente para decir que es un loco. Una persona jurídica también es libre de expresar su personalidad jurídica. Pero en los dos casos el primero no representa nada más que a sí mismo y en el segundo nada más que a las personas físicas que constituyen la personalidad jurídica. La sociedad se compone de numerosas personas físicas y de numerosas personas jurídicas. Así, cuando una persona física se expresa de una manera irracional, por ejemplo, esto no significa que los otros miembros de la sociedad son también irracionales. La opinión de una persona física no compromete nada más que a ella misma.

La opinión de una persona jurídica no expresa más que la expresa más que la expresión de intereses o ideas del grupo que constituye esta persona jurídica.

Una empresa de producción y venta de tabaco sólo representa los intereses de aquellos que constituyen esta empresa, es decir, de aquellos que se aprovechan de producción o venta del tabaco, aunque esto sea perjudicial a la salud de los demás.

La prensa es un medio de expresión de la sociedad y no el medio de expresión de una persona física o jurídica. Entonces, lógica y democráticamente, no puede ser de propiedad de uno o de otro. En el caso de un particular propietario de un periódico, este es su periódico y expresa su punto de vista únicamente. Pretender que es el periódico de la opinión pública es una pretensión falsa y sin ningún fundamento, porque no expresa, en realidad, más que el punto de vista de una persona física. No es democráticamente admisible que una persona física posea un medio de difusión o de información general. Y, sin embargo, tiene el derecho natural de expresarse, no importa por qué medio, aunque este medio sea irracional para poder probar su locura. Por ejemplo, el periódico que publica un sindicato de comerciantes o una cámara de comercio es solamente el medio de expresión de esta categoría social particular. Expresa sólo su punto de vista y no de la opinión publica. Esto vale lo mismo para las otras personas o físicas de la sociedad.

 La prensa democrática es aquella que publica un comité popular compuesto por todas las categorías sociales, es decir, de asaciones de obreros, asociaciones de mujeres, asociaciones de estudiantes, asociaciones de campesinos, asociaciones de profesionales, asociaciones de funcionarios, asociaciones de artesanos y hasta el fin de categorías de cualquier sociedad. En este caso, y no en otro, la prensa o todo otro medio de información, es la expresión de la sociedad entera refleja su concepción general. Serán entonces una prensa democrática o una información democrática.

Si el Colegio de Médicos publica una revista no debe tratarse nada más que de una revista médica, a fin de que sea realmente la expresión de los que la publican. Esto vale igual para las demás o restantes categorías.

Una persona física tiene el derecho de expresarse, solamente a si misma. Así, se resuelve de raíz y democráticamente, lo que se llama en el mundo "el problema de libertad de prensa"

El problema de libertad de prensa, que no ha cesado de ser debatido en el mundo, nace del problema general de la democracia. No podrá ser zanjado en tanto no se resuelva la crisis de la democracia completamente de toda la sociedad.

No hay más que una sola vía para resolver este problema de la democracia, que es una vía única, que es la vía de la Tercera Teoría Universal.

Según esta teoría el régimen democrático es una estructura coherente, donde cada piedra descansa sobre la que está debajo de los congresos populares de base, los congresos populares, los comités populares y las uniones profesionales, hasta que se encuentran todos en el Congreso General del pueblo.

No existe otra concepción de una sociedad democrática al margen de ésta.

Finalmente, la era de las masas, arrastrándose rápidamente a nosotros, después de las eras de las repúblicas, inflama los sentimientos y deslumbra la vista. Pero, en tanto que anuncia la verdadera libertad de las masas y la feliz liberación de las cadenas de los instrumentos de Gobierno, puede preceder a una era de anarquía y de demagogia, si la democracia nueva que es la del poder del pueblo, vuelve a constituirse en el poder de un individuo, de una clase, de una clase, de una taifa, de una tribu o de un partido.

Tal es la democracia verdadera desde el punto de vista teórico, pero en la práctica son siempre los más fuertes quienes gobiernan, en decir, que la parte fuerte en la sociedad es la que gobierna.

SEGUNDA PARTE

LA SOLUCION DEL PROBLEMA ECONÓMICO "EL SOCIALISMO"

LOS FUNDAMENTOS ECONOMICOS DE LA TERCERA TEORIA

A pesar de las importantes evoluciones históricas realizadas por la vía de solución del problema del trabajo y los salarios, es decir, la relación entre trabajadores y empresarios, entre propietarios y productores, como la determinación de las horas de trabajo, el pago de las horas extraordinarias, los permisos y vacaciones, el reconocimiento de un salario mínimo, la participación de trabajadores en las ganancias y en la producción, la prohibición del despido arbitrario, la seguridad social, el derecho a la huelga así como todo el contenido de las legislaciones de trabajo, prácticamente a la par de toda legislación moderna, y pese a las transformaciones no menos importantes en el terreno de la propiedad, en cuanto a la promulgación de regímenes tendentes a la limitación de ingresos y otros prohibiendo la propiedad privada, confiándola al Gobierno; pese a todos estos avances, nada desdeñables en la trayectoria del problema económico, éste sigue absolutamente vigente, a pesar de las mejoras, cambios y progresos logrados que lo han hecho menos agudo que los pasados siglos, con la consiguiente consecución de múltiples beneficios para los trabajadores. Pero el problema económico sigue sin ser resuelto en el mundo, ya que los intentos realizados en sector de la propiedad no han solucionado el problema de los productores, que permanecen en su condición de asalariados, pese al traspaso de la propiedad, desde la extrema derecha hacia la extrema izquierda, pasando por distintas posiciones en el centro entre la izquierda y la derecha.

Tampoco los intentos efectuados en el terreno de los salarios son menos importantes que los realizados en relación con la propiedad y su traspaso de una situación a otra. En el conjunto del tratamiento de esta cuestión, se incluyen las ventajas obtenidas por los trabajadores, contenidas en la legislación y defendidas por los sindicatos, con lo que ha cambiado el mal estado en que se hallaban los productores en vísperas de la revolución industrial y adquirido los obreros, técnicos y administrativos un conjunto de derechos, antes inalcanzables, a lo largo del tiempo. Pero, de hecho, el problema económico sigue en pie.

El intento habido en materia de salarios no representa en absoluto una solución. Se trata de un intento ficticio y reformista, más parecido a la caridad que al reconocimiento del derecho de los trabajadores. ¿Por qué se les paga a los trabajadores un salario? Pues, porque han realizado una producción a favor de otros que les han contratado para que efectuaran esta producción. Por lo tanto, no han consumido su producción, sino que se han visto obligados a cederla a cambio de un salario, cuando en buena norma, "quien produce consume".

Por mucho que mejoren sus salarios, los asalariados son una especie de esclavos.

El asalariado es casi un esclavo del "señor" que le arrienda. Más aún, es un esclavo temporal y su esclavitud lo es en función del trabajo que realiza a cambio de un salario pagado por el patrón, independientemente de la condición de éste, sea persona o Gobierno. En su relación con el propietario o la entidad productora, así como en cuanto a su comunidad de intereses particulares, no dejan de ser asalariados, en todos los casos y en todo el mundo, pese a la diversidad de la situación de la propiedad, de derecha a izquierda. Incluso las instituciones económicas del sector público no ofrecen a sus trabajadores más que salarios y otras ayudas sociales más parecidas a la caridad, que los potentados empresarios del sector privado dan a sus obreros, que a otra cosa.

Decir que los ingresos, en los casos de propiedad pública, revierten en la sociedad, con los trabajadores incluidos, a diferencias de las empresas privadas, en que revierten exclusivamente en los propietarios, resulta cierto, visto el interés general de la sociedad y no los intereses particulares de los trabajadores. Incluso, suponiendo que el poder político que ejerce el monopolio de la propiedad, pertenece, a toda la sociedad, es decir, que es el poder del pueblo que ejerce, en toda su integridad, a través de las Asambleas Populares, de los Comités Populares, de los sindicatos profesionales, no como poder de una sola clase, de un solo partido o conjunto de partidos, ni como poder tribal de una tribu, una familia o un individuo, ni ningún tipo de poder parlamentario, Aún así, lo que revierte directamente en los trabajadores, en cuanto a sus intereses particulares, en forma de salario, participación en beneficios o servicios sociales, es lo mismo que le corresponde en las empresas privadas. Es decir, que los trabajadores, tanto de la institución pública como de la empresa privada, son asalariados, a pesar de ser distinto del propietario.

De este modo, la evolución que había en el terreno de la propiedad, en cuanto a su traspaso de una mano a otra, no ha solucionado el problema del derecho del trabajador a la propia producción que él realiza de manera directa, no a través de la sociedad, ni a cambio de un salario. Lo demuestra el hecho de los productores siguen siendo asalariados, pese al cambio la situación de la propiedad.

La solución definitiva la constituye la abolición del salario, la liberación del hombre de su esclavitud y el retorno a las normas naturales que han determinado la relación antes de la aparición de las clases, de las formas de gobierno y de las leyes positivas.

Estas normas naturales son la medida y la única fuente válida para las relaciones humanas.

Las normas naturales han generado un socialismo natural, basado en la igualdad entre los factores económicos de la producción, logrando una casi igualdad entre los individuos en cuanto al consumo de la naturaleza. Mientras, la explotación del hombre por el hombre y la apropiación por el individuo de una mayor proporción de riqueza que la que le corresponde, representa el fenómeno de desviación de la norma natural, el comienzo de la corrupción de la vida de la colectividad humana y la aparición de la sociedad de explotación. Si analizamos los factores económicos de la producción, desde la remota antigüedad hasta nuestros días, hallaremos que, necesariamente, se componen de factores básicos, tales como material de producción, medio de producción y productor. La norma natural de igualdad establece que a cada uno de los elementos de la producción le corresponde una parte de dicha producción. Porque si falta de ellas, deja de haber producción. Es decir, que cada uno de los factores desempeña un papel fundamental en el proceso de producción, sin el cual ésta cesaría.

Y, como quiera que todos los factores sean necesarios y fundamentales, resulta entonces que todos son igualmente imprescindibles en el proceso productivo, con lo que sus derechos a la producción que ellos mismos han generado deben ser, asimismo, iguales. Así, el predominio de uno sobre otro chocaría con las normas naturales de igualdad y atentaría contra el derecho de los demás. Por tanto, a cada factor le corresponde una parte, independientemente de su condición. Si nos encontramos ante un proceso de producción en el que intervengan solamente dos factores, a cada uno de ellos le corresponderá la mitad de la producción; si son tres, la tercera parte, y así sucesivamente.

Al aplicar esta norma natural a la realidad antigua y contemporánea, concluiremos lo siguiente:

Durante la etapa de producción manual, el proceso productivo se componía de materias primas y hombre-productor. Después, fue introducido, entre ellos, el medio de producción, utilizado por el hombre en este proceso y de que se tima por modelo al animal, en calidad de unidad de fuerza. Más tarde, este medio fue evolucionando y la máquina ha reemplazado al animal. Luego, la clase y la calidad de las materias primas han pasado, de ser sencillos y baratos, a ser materias compuestas y extremadamente valiosas. También el hombre se ha transformado y pasó de ser sencillo trabajador a ser un ingeniero y técnico, de grupos masivos de obreros se ha pasado a reducidos conjuntos de técnicos. Sin embargo, los factores de producción, aunque cambien cualitativa y cuantitativamente, no modifican, en esencia, el grado de necesidad de cada uno de ellos en el proceso de producción. Por ejemplo, el hierro que constituye una de las materias primas de producción, antes y ahora, se trabajaba con métodos primitivos, para fabricar, manualmente, un cuchillo, un hacha o una lanza. Ahora la misma materia prima se elabora en altos hornos, para que los ingenieros y técnicos tabiquen maquinaria, motores y vehículos de distinta clase. El animal, que era el caballo, la mula, el camello, etc., que constituía un factor de producción, ha sido reemplazado por la gran fábrica y las gigantescas máquinas. Las materias de producción que antes eran instrumentos primitivos se han convertido ahora en complejos equipos técnicos. Sin embargo, los principales factores de producción siguen siendo constantes esenciales, pese a su fabuloso desarrollo, y esta constancia esencial de los factores de producción hace de la norma natural la única regla válida, a la que hay que volver, inevitablemente, para solucionar, definitivamente, tras el fracaso de todos los intentos históricos que han ignorado tales normas naturales.

Las anteriores teorías históricas han tratado el problema económico desde la perspectiva de la propiedad, perteneciente, exclusivamente a uno de los factores de producción y desde la perspectiva de los salarios, a cambio de producción, sin resolver el verdadero problema, el de la propia producción. (Así, la más sobresaliente característica de los sistemas económicos actualmente vigentes en el mundo es la del sistema de salarios que priva al trabajador de todo derecho a los productos que él elabora tanto por cuenta de la sociedad como de una empresa privada).

Las empresas industriales de producción se basan en material de producción, maquinaria y trabajadores. El proceso productivo se genera mediante la utilización, por los trabajadores, de la maquinaria para la elaboración de las materias primas. Desde luego, los productos elaborados y listos para el consumo, habrán pasado por un proceso de producción que no tendría lugar de no reunirse los factores de materia prima, fábrica y trabajadores, de forma que, si descartáramos las materias primas, la fábrica no tendría qué producir, y si descartamos a ésta, tampoco se elaborarían aquéllas. Y, al mismo tiempo, si dejamos de lado a los productores tampoco funcionaria la fábrica. Así, los tres factores del proceso de producción resultan igualmente necesarios. Si prescindimos de uno de ellos, el proceso productivo no se podría llevar a cabo, como tampoco serian dos de los tres factores suficientes para efectuar la producción en ausencia del tercero. En este caso, el principio natural impone la igualdad del grado de necesidad de estos tres factores para la producción, es decir, que la producción de la fábrica se divide en tres partes, cada una de las cuales corresponde a uno de los factores. Lo importante no es sólo la fábrica, sino quien consume su producción.

Asimismo, el proceso de producción agrícola que se lleva a cabo gracias al hombre y la tierra, sin utilización de un tercer medio, resulta igual que el proceso de producción industrial manual. En ambos casos, la producción se divide en dos partes solamente, según los factores de producción. En caso de utilizar un medio mecánico o similar para la producción agraria, ésta se dividiría en tres partes: la tierra, los campesinos y la maquinaria utilizada.

De este modo, se establece un sistema socialista al que se someten todos los procesos de producción en base a este principio natural.

Los productores son los trabajadores y se llaman así porque la palabra trabajador o proletario ya no resulta real debido a que los trabajadores, según la definición clásica han empezado a cambiar cuantitativa y cualitativamente. La clase trabajadora está en constante decrecimiento, en una proporción inversa a la del avance de la tecnología y la ciencia.

La máquina produce ahora el esfuerzo que antes requería un determinado número de trabajadores. A su vez, la puesta en funcionamiento de la máquina requiere ahora un menor número de trabajadores que antes. A esto se refiere el cambio cuantitativo de la fuerza trabajadora. Por otra parte, la máquina precisa capacidad técnica en lugar de la fuerza física. Y este es el cambio cualitativo de la fuerza trabajadora.

Así, una sola fuerza se convierte en factor de producción. La clase trabajadora deja de estar compuesta por grandes masas de mano de obra no cualificada, para estar formada por reducidos grupos de técnicos, ingenieros y científicos, gracias a los progresos experimentados. Como consecuencia de esto, los sindicatos obreros habrán de desaparecer para ser reemplazados por sindicatos de ingenieros y técnicos, ya que el avance científico ha constituido para la humanidad un logro irreversible, con el que el analfabetismo ha quedado definitivamente condenado. En función de esto, los trabajadores convencionales vienen ahora a representar un fenómeno llamado a desaparecer, paulatinamente, ante los progresos científicos. No obstante, el nuevo hombre seguirá siendo un factor esencial en el proceso de producción.

LA NECESIDAD: La libertad del hombre siempre será incompleta mientras sus necesidades estén supeditadas a terceros. La necesidad puede conducir a la esclavitud del hombre por el hombre. Así, la explotación es resultado de la necesidad, que constituye un auténtico problema. Con esto, la lucha surge de la supeditación de las necesidades del hombre.

LA VIVIENDA constituye una necesidad ineludible para el individuo y la familia, por lo cual no debe ser propiedad de otros. Un hombre no tendrá libertad mientras habite una vivienda propiedad de otro, a cambio o no de un alquiler. Por ello, todos los intentos realizados por los distintos Estados del mundo, para tratar el problema de la vivienda, no representan, en absoluto, una solución. Esto se debe a que tales intentos no apuntan hacia soluciones radicales y definitivas – es decir, la necesidad de que el hombre sea dueño de su vivienda – sino que han girado en torno del valor de la renta (elevarla, reducirla y legislarla, etc.) tanto si es por cuenta del sector público o privado. En la sociedad socialista, ninguna entidad – ni siquiera la propia sociedad – debe controlar las necesidades del hombre. Nadie tiene derecho construir una vivienda que exceda de sus propias necesidades y las de sus sucesores, con el propósito de arrendarla. La vivienda representa una necesidad para otros y su construcción con el fin de arrendarla es tanto como emprender el control de la necesidad de los demás. Y en la necesidad radica la libertad.

LA RENTA constituye una necesidad ineludible para el hombre. La renta de un hombre en la sociedad socialista no debe ser un sueldo pagado por nadie o una caridad ofrecida por los demás. En la sociedad no debe haber asalariados, sino socios. Tu renta es tu propio patrimonio, que tú administras en función de tus necesidades. Es tu parte en la producción de la cual eres uno de los principales factores, no un salario a cambio de una producción a favor de cualquier otro.

EL TRANSPORTE es igualmente una necesidad imprescindible para el individuo y la familia. Tu medio de transporte no debe ser propiedad de otros, pues en la sociedad socialista ningún hombre o entidad tiene el derecho de poseer medios de transporte con el propósito de alquilaros, ya que ello supone el control de las necesidades de los demás.

LA TIERRA no es propiedad de nadie. Sin embargo, cada cual tiene derecho a explotarla para su propio beneficio, mediante su labranza, cultivo y regadío, a lo largo de toda su vida y la de sus herederos, en la medida de su esfuerzo personal - es decir, sin emplear a otros con o sin sueldo – y la satisfacción de sus necesidades. De admitirse la apropiación de la tierra, no lo harían más que los presentes en la misma. La tierra es fija y sus usuarios cambian al paso del tiempo, en oficio, capacidad y presencia.

La finalidad de la nueva sociedad socialista es la formación de une sociedad feliz por ser libre. Para lograrlo, hay que satisfacer las necesidades materiales y morales de hombre, mediante la liberación de las mismas del control y la supeditación de los demás.

Esta satisfacción de las necesidades del hombre debe llevarse a cabo sin explotación por parte de otros; de lo contrario se encontraría en contradicción con la meta de la nueva sociedad socialista.

En la nueva sociedad, el hombre o bien trabaja por su propia cuenta para asegurarse sus necesidades materiales, o bien lo hace para una empresa socialista, en la que sea socio de producción, o presta un servicio público a la sociedad, con lo que ésta le proporcionaría la satisfacción de sus necesidades materiales.

La actividad económica en la nueva sociedad es una actividad productiva para la saturación de las necesidades materiales. No es una actividad improductiva o lucrativa, para ahorrare excedentes una vez satisfechas estas necesidades, lo que no tendría lugar en virtud de las nuevas bases socialistas.

Así, la finalidad lícita de actividad económica de los ciudadanos es, únicamente, la satisfacción de sus necesidades, ya que la riqueza del mundo es limitada, al menos en cada etapa. Igualmente lo es la riqueza de cada sociedad. Por ello, nadie tiene derecho a realizar una actividad económica con el propósito de adueñarse de una parte de esta riqueza, que sobrepase la correspondiente a la saturación de sus necesidades, puesto que la parte excedente corresponde a la necesidad de otros. En todo caso, podría ahorrar parte de sus propias necesidades de la producción, no del esfuerzo de los demás. Si se admite la realización de una actividad económica mayor a la requerida para la saturación de las necesidades, otro se vería privado de la satisfacción de las suyas.

El ahorro del excedente de la necesidad propia corresponde a la necesidad de otros de la riqueza de la sociedad.

Tolerar la producción propia para la obtención de un ahorro sobrante de la satisfacción de las necesidades, así como su utilización para disponer de excedente – es decir, la explotación del hombre para la saturación de las necesidades de los demás y la obtención de un ahorro, a favor de otro y a expensas de las necesidades propias- es lo que representa, precisamente, la explotación.

Trabajar a cambio de un salario extraordinario, además de ser una esclavitud para el hombre como ya hemos señalado, viene a ser tanto como trabajar sin aliciente, al ser productor, en este caso, asalariado y no socio.

Aquel que trabaja por su propia cuenta es, sin duda, leal en su labor productiva, pues esta lealtad en la producción nace de un propio aliciente de hacerlo para satisfacer sus necesidades materiales. El que trabaja para una empresa socialista es un socio en la producción, leal ciertamente en su labor productiva, ya que su aliciente lo constituye la satisfacción de sus necesidades de esta producción. En cambio, los que trabajan por un salario, carecen de alicientes para hacerlo.

Trabajar a cambio de un salario representa la incapacidad para solucionar el problema del aumento y desarrollo de la producción. Tanto si se trata de servicios como de producción, se genera un constante deterioro, al estar basados en el esfuerzo de los asalariados.

Ejemplos del trabajo asalariado por cuenta de la sociedad, por cuenta del sector privado y del trabajo no asalariado:

Ejemplo primero:

a) Un trabajador que produce 10 manzanas por cuenta de la sociedad, a quien ésta le concede una sola manzana a cambio de su rendimiento, lo que viene a satisfacer plenamente su necesidad.

b) Un trabajador que produce 10 manzanas por cuenta de la sociedad, a quien ésta le concede una sola manzana a cambio de su rendimiento, lo que no alcanza para la satisfacción de su necesidad.

Ejemplo segundo:

Un trabajador que produce 10 manzanas por cuenta de otro individuo, a cambio de un salario inferior al precio de una sola manzana.

Ejemplo tercero:

Un trabajador que produce 10 manzanas por su cuenta propia.

Conclusiones:

El de ejemplo primero (a) no incrementará su rendimiento puesto que, por mucho que lo hiciese, no obtendrá, personalmente, más que una manzana, lo que satisface su necesidad. Así, todas las fuerzas trabajadoras por cuenta de la sociedad se encuentran en continuo estado de pasividad psíquico – espontánea.

El del ejemplo primero (b) carece de alicientes para la producción en sí, puesto que produce para la sociedad, sin obtener el equivalente para la satisfacción de sus necesidades... Sin embargo, continua en el trabajo, pero sin aliciente, al verse obligado a someterse a las circunstancias generales de trabajo en toda la sociedad, y al ser ésta la situación de todos los ciudadanos.

El del ejemplo segundo, de hecho, no trabaja para producir, sino para obtener un salario. Pero, como quiera que su salario es inferior al requerido para la satisfacción de sus necesidades, lo que hace es, o bien buscar a un nuevo "amo" a quien venderle su trabajo a cambio de un precio mejor, o bien se ve forzado a permanecer en el trabajo para sobrevivir.

En cuanto al ejemplo tercero, se trata del único que produce con aliciente y sin coacción. Pero, como quiera que en la sociedad socialista no cabe la posibilidad de una producción realizada por un individuo que exceda de la satisfacción de sus propias necesidades, ni la satisfacción de necesidades ajenas a expensas o por medio de terceros, y que las empresas socialistas trabajan para satisfacer las necesidades de la sociedad, resulta que el tercer ejemplo es el que representa la correcta posición de la rentabilidad. No obstante, en todos los casos – aún en los peores- , la producción se mantiene por la supervivencia. Nada más indicativo que el hecho de que, en las sociedades capitalistas, la producción se acumula y abulta en manos de un reducido número de propietarios que no trabajan, sino que explotan el esfuerzo de los proletarios que se ven obligados a producir para vivir. Sin embargo, el "LIBRO VERDE" no sólo soluciona el problema de la producción material, sino que traza el camino hacia la solución global de los problemas de la sociedad humana, para que el hombre logre, definitivamente, su libertad material y realice su propia felicidad.

Otros ejemplos:

Si suponemos que la riqueza de la sociedad es 10 unidades, y los habitantes de la misma 10, resultará que a cada uno le corresponderá la décima parte de las unidades de riqueza. Pero, si cierto número de miembros de la sociedad posee más de una unidad, esto equivaldría a que otros tantos miembros de la misma no poseen nada. Ello se debería a que la parte que le corresponde de las unidades de riqueza de la sociedad ha sido apropiada por los demás. Por esto hay ricos y pobres en la sociedad explotadora.

Supongamos que cinco miembros de esta sociedad poseen, cada uno, dos unidades de riqueza. Esto equivaldrá a que haya otros cinco que no posean nada, es decir, a que el 50 por 100 esté privado de su derecho a esta riqueza, puesto que cada una de las unidades adicionales que posee cada uno de los primeros cinco corresponde a los otros cinco.

Si, en esta sociedad, lo que el individuo requiere para la satisfacción de sus necesidades es una sola unidad del conjunto de la riqueza de la sociedad, resulta que aquel que posee más de una unidad, en realidad lo que ha hecho es adueñarse del derecho de otro miembro de la sociedad. Y, puesto que esta unidad es superior a lo que necesita para sus necesidades, lo que hace es poseerla con el fin de acumularla. Esta acumulación se hace siempre a expensas de terceros, tomando su parte de la riqueza, lo que explica la existencia de acumuladores que no gastan, que ahorran después de satisfacer sus necesidades, así como la existencia de pobres y gente privada de lo que le corresponde, que reivindica su derecho a la riqueza de la sociedad y no tiene que consumir. Se trata de un robo, pero en este caso, público y lícito de acuerdo con las injustas normas de explotación que regulan esa sociedad.

Todo aquello que exceda de la satisfacción de las necesidades, pasa a ser patrimonio de todos los miembros de la sociedad. Cada uno de éstos, tiene, a su vez, derecho a ahorrar cuanto quiera, dentro de sus propias necesidades. Todo acopio por encima de las necesidades constituye un atentado contra la riqueza pública.

Los esforzados y listos no tienen derecho a apropiarse de la parte que corresponde a los demás por sus características. Pero pueden beneficiarse de su condición para satisfacer, y aún economizar, sus necesidades. Tampoco los "incapaces, tontos y anormales" tienen, por su condición, menos derecho a la riqueza que la gente sana.

La riqueza de la sociedad es como la empresa de aprovisionamiento, que a diario ofrece, a un determinado número de personas, una determinada cantidad de producto de un determinado peso, suficiente para cubrir la necesidad diaria de las mismas. Cada cual puede ahorrar lo que desee de la cantidad que le corresponde. Puede consumir lo que quiera y ahorrar lo que prefiera. En esto, aprovecha su propia capacidad y habilidad. En cuanto aquel otro que utiliza sus aptitudes para sacar del almacén general de aprovisionamiento mayor cantidad de la que le corresponde, es sin duda- un ladrón. Así, quienes se valen de sus mañas para adquirir una mayor riqueza, que exceda de la que se requiere para satisfacer las necesidades, de hecho atentan contra un bien público que es la riqueza de la sociedad que representa el almacén de aprovisionamiento citado en este ejemplo.

No se pueden establecer oscilaciones en la riqueza de los miembros de la nueva sociedad socialista, salvo aquellos que presten un servicio público, y a quienes la sociedad designe una determinada parte, equivalente a tales servicios. La parte correspondiente a los individuos no oscila sino en función del mayor servicio público prestado.

De este modo, las magníficas experiencias históricas han generado un nuevo experimento que representa la coronación definitiva de la lucha del hombre por la integración de su libertad y la realización de su felicidad mediante la satisfacción de sus necesidades, el rechazo de la explotación, la supresión del abuso y el establecimiento de un sistema de distribución equitativa, de modo que cada uno trabaje por la satisfacción de sus necesidades, no para explotar a terceros para que trabajen por tu cuenta con el fin de cubrir, gracias a su trabajo, sus propias necesidades, ni tampoco para intentar hacerse con las necesidades de los demás.

Se trata de la teoría que establece la liberación de las necesidades para liberación de las necesidades para liberar al hombre.

Así, la nueva sociedad socialista constituye una consecuencia dialéctica de las injustas relaciones que predominan en el mundo, que han generado la solución natural consistente en la formula de la propiedad privada para la satisfacción de la necesidad sin utilización de terceros. La propiedad en régimen del socialismo de los productores como socios en la producción reemplaza al sistema de la propiedad privada basada en la producción de asalariados, sin derecho al producto en cuya elaboración participan.

Aquel que posee la vivienda que habitas, el medio de transporte que utilizas para tus desplazamientos. Pero la libertad es indivisible y para que el hombre sea feliz, debe ser libre, y para que sea libre, debe ser dueño de sus propias necesidades.

Aquel que posee tu necesidad, te controla, te explota y, quizá, te esclavice, a pesar de cualquier legislación que lo prohíba.

Las ineludibles necesidades materiales y personales del hombre, empezando por la vestimenta y el alimento, hasta el medio de transporte y la vivienda, deben ser propiedad privada y sagrada del hombre. No debe ser arrendada por ninguna entidad. Su obtención de un pago da al verdadero dueño derecho a interferir en tu vida y a controlar tus necesidades vitales. En este caso, se controla tu libertad y se pierde tu felicidad. Al igual que el propietario de la vestimenta que te alquila para luego quitártela, probablemente en la calle, y dejarte desnudo, puede hacer el propietario del medio de transporte, dejándote en la vía pública y también el de la vivienda, sin hogar.

Sería ridículo tratar las necesidades vitales del hombre con medidas legales o administrativas, etc. La sociedad debe instituirlas, totalmente, según principios naturales. La meta de la nueva sociedad socialista es el logro de la felicidad del hombre, que, a su vez, no se realiza sino al amparo de la libertad material y moral. El establecimiento de la libertad se realizará en la medida en que el hombre se haga dueño de sus propias necesidades y las tenga sagradamente aseguradas. Es decir, tu necesidad no debe ser propiedad de otros. De lo contrario, será objeto de robo por cualquier parte de la sociedad y, si vives preocupado. Pierdes tu felicidad y no vives en libertad sino en las sombras de la espera de una interferencia exterior en tus necesidades vitales.

Convertir a las sociedades contemporáneas en sociedades de socios en vez de asalariados es una tarea inevitable, que aparece como una consecuencia dialéctica de los contradictorios planteamientos económicos predominantes hoy en día el mundo y, asimismo, como resultado inevitable de las injustas relaciones basadas en el sistema de salarios, y que aún no han encontrado el camino hacia la solución.

La fuerza amenazadora que representan los sindicatos obreros en el mundo capitalista es capaz de transformar a las sociedades capitalistas de sociedades de asalariados en sociedades de socios.

La posibilidad de una revolución para el establecimiento del socialismo comienza por la apropiación, por parte de los productores, de sus correspondientes cuotas del producto que elaboran, con lo que los objetivos de las huelgas laborales consistentes en la reivindicación de aumentos salariales pasarían a ser exigencias, por participar en la producción, lo que, más tarde o más temprano, llegara a suceder, con las orientaciones del "Libro Verde".

El paso definitivo lo constituye la llegada de la nueva sociedad socialista a la etapa de la desaparición del lucro y del dinero, mediante la transformación de la sociedad en una sociedad de plena producción y el logro de que ésta satisfaga las necesidades. En esta etapa final, el lucro desaparece espontáneamente al igual que la necesidad del dinero.

El simple hecho de admitir el lucro es tanto como admitir la explotación, con lo cual no habría ya límite que lo frenara. En cuanto a intentar restringirla, a través de la aplicación de medias diversas, no deja de ser un intento reformista y radical, para evitar la explotación del hombre por el hombre.

La solución definitiva consiste en la supresión del lucro. Pero, como quiera que el lucro constituya el motor del proceso económico, su supresión no puede producirse por decreto, sino que habrá de ser consecuencia socialista que, al realizarse, logra la satisfacción de las necesidades de sociedad y de los individuos.

El hecho para incrementar el lucro es el que conducirá a su desaparición definitiva.

EL SERVICIO DEL HOGAR representa, con o sin salario, uno de los casos de trata de esclavos. Es más, es la trata de los tiempos modernos. Y, como quiera que la nueva sociedad socialista se base en el principio de socios en la producción, no asalariados, al servicio del hogar no se le aplican las reglas naturales del socialismo, puesto que prestan servicios en lugar de elaborar un producto. Los servicios no representan una producción propiamente dicha y, por tanto, divisible en partes de acuerdo con el principio natural del socialismo. Por ello, los sirvientes no pueden más que trabajar a cambio de un salario o hacerlo sin pago, en las peores circunstancias. Y puesto que los asalariados constituyen una especie de esclavos, cuya esclavitud persiste mientras efectúan su trabajo a cambio de un salario. Y que los sirvientes del hogar están situados en un escalón inferior con respecto a los otros asalariados de empresas y entidades económicas, a ellos les corresponde prioritariamente, ser libertados de la esclavitud de la sociedad de los asalariados y de la esclavitud. El servicio del hogar es uno de los fenómenos sociales que siguen al de la esclavitud. En este sentido, la Tercera Teoría Universal trae buenos augurios a las masas, para su definitiva liberación de todas las cadenas de la injusticia, del abuso, de la explotación y de la dominación política y económica, para crear la sociedad de todos, en la que todo el mundo es libre, en igualdad de poder, de riqueza y de armas, con el fin de que la libertad triunfe total y definitivamente.

Por todo ello, el "Libro Verde" traza el camino de la salvación de las masas de asalariados y sirvientes, para el logro de la libertad del hombre.

Así, resulta inevitable luchar por la liberación de los sirvientes del hogar del yugo de la esclavitud al que están sometidos, para convertirles en socios fuera del hogar, donde la producción material es divisible en partes según los factores. Al hogar le sirven sus dueños.

La necesaria solución del servicio del hogar no se consigue mediante el servicio asalariado o no asalariado, sino mediante su transformación en empleados que puedan ser promovidos durante el ejercicio de su labor en el hogar y la garantía de la seguridad social y material, al igual que todo empleado de un servicio público.

EL Libro Verde- (Tercera Parte)

El Fundamento Social de la «Tercera Teoría Universal»

El móvil de la Historia del Hombre es el factor social, es decir, el nacional, puesto que el lazo social que une a cada uno de los grupos humanos, desde la familia hasta la Nación, pasando por la tribu, es la base del movimiento de la Historia.

«Los héroes de la Historia son individuos que se sacrifican por causas». Otra definición, no cabe. Pero, ¿qué causas? Ellos se sacrifican por otros. Pero

¿quiénes son esos otros? Son aquellos otros con quienes se hallan relacionados, y la relación entre el individuo y el grupo es una relación social.

La base sobre la cual se han constituido las naciones es el nacionalismo. Las causas a las que nosotros nos referimos son por lo tanto causas nacionales: la relación nacional se identifica con la relación social, porque social deriva de sociedad, es decir, de los lazos existentes en el seno de una sociedad; y el nacionalismo deriva de una nación. La relación social se identifica entonces con la relación nacional y recíprocamente, puesto que la sociedad es la nación y la nación es la sociedad misma, aunque ella difiera en número. Aparte está la definición específica que implica al grupo permanente en función de sus relaciones nacionales.

Por otra parte, los movimientos históricos son aquellos que realizan las masas, es decir, los movimientos comunitarios o el movimiento del grupo, por sí mismo, o bien por lograr su independencia de otro grupo que no es el suyo. Cada grupo tiene su propia constitución social que le une, puesto que los movimientos sociales son siempre de independencia, para lograr la auto-realización del grupo oprimido o injustamente tratado por otro grupo. En cuanto a la lucha por el poder, ésta recae y sucede en el seno del propio grupo, incluso a nivel de la familia, tal como se aclaró en el Capítulo Primero del Libro Verde, «La Base Política de la Tercera Vía Universal». El movimiento comunitario es un movimiento de comunidad por sí mismo, ya que cada grupo tiene, por su propia estructura natural, unas necesidades comunes, que deben ser satisfechas con una acción comunitaria.

Estas acciones no son nunca individuales. Son necesidades o derechos, exigencias y objetivos colectivos correspondientes a una comunidad unida por una nacionalidad común. De ahí que se llamen movimientos nacionales. Los movimiento de liberación nacional de nuestra época son los mismos movimientos sociales y no acabarán hasta tanto cada colectividad se libere del dominio de la otra. Ello quiere decir que el mundo atraviesa ahora uno de los círculos ordinarios de la Historia, el de la lucha nacional para la victoria del nacionalismo.

Este es el hecho histórico –el hecho social- de la vida del hombre. Lo que es tanto como decir que la lucha social es la base del movimiento de la Historia, siendo más poderoso que los demás factores. Al ser el origen, es la base. Es la naturaleza y condición de la colectividad humana, de la comunidad y es ésta la base de la supervivencia del reino animal. El nacionalismo es la base de la supervivencia de las naciones. Aquellas naciones cuyo nacionalismo fue destruido son aquellas naciones cuya subsistencia fue objeto de la aniquilación. Las minorías, que constituyen uno de los…

Realizado hasta aquí por Abel Saavedra.
abelsaav@hotmail.com

BIBLIOGRAFÍA

1) La república y la Monarquía………de Carlos Puyuelo Salinas

2) Yo acuso al Invasor ....de Jorge Ledesma

3) Memorias de un funcionario........de Rodolfo Livingston

4) 20 Grandes conspiraciones de la historia...de Santiago Camacho

5)Las cloacas del Imperio............ de Santiago Camacho

LIBROS RECOMENDADOS:

1) "LA TERRIBLE IMPOSTURA" de Thierry Meyssan (ningún avión se estrelló contra el Pentágono)

2) EL PODER DEL PETRÓLEO   de Oystein Noreng

3) EL IMPERIO GLOBAL de Roberto Montoya
4) NOSOTROS NUNCA FUIMOS A LA LUNA de Kaysing Hill
5)
6) LA SOMBRA QUE NOS GOBIERNA   de Santiago Camacho
7)
8) AMOS DE TÍTERES: LOS ARQUITECTOS DEL NUEVO ORDEN MUNDIAL" de Santiago Camacho

9) LA CIENCIA DEL TERROR. EL MANUAL DE INTERROGATORIOS DE LA CIA de Santiago Camacho

10) LAS VIDAS SECRETAS DE MARILYN MONROE de Summers Anthony

11) ¿QUIÉN MATÓ A JOHN LENNON? de Bresler Fenton

12) EL ENEMIGO EN CASA de Robert Kennedy

13) LA GUERRA TELEVISADA DEL GOLFO PERSICO de Kellner Douglas

14) RFK DEBE MORIR de Blair Kaiser RoberI

15) PACTO DE SILENCIO de Andreas Faber Kaiser

16) EL MONTAJE DEL SINDROME TÓXICO de Gudrun Greunke y Jorg Heimbrecht

17) CONTROL MENTAL EN EEUU de Jacobson Steven

18) IMPERIUM de Perker Yocke

19) LA MUERTE DE JIM MORRISON de Seymore Bob

20) SALVADOR ALLENDE (Cómo la Casa Blanca provocó su muerte) de Patricia Verdugo.

20) CORRUPCIÓN, las cloacas del poder de Miguel Pedrero

21) LAS 48 LEYES DEL PODER de Green Robert

22) PACTOS SATÁNICOS de Santiago Camacho

23) WASHINGTON Y EL FASCISMO EN EL TERCER MUNDO de Chomsky Noam

24) LA IRONÍA DE LA DEMOCRACIA de Dye Thomas R. y Zeigler, L Harmon

25) LA GUERRA DE LAS DROGAS de Dornbierer, Manú

26) LIBERTAD VIGILADA de García Mostazo

27) ESTUPIDOS HOMBRES BLANCOS de Michael Moore

28) UN ACTO DE ESTADO: LA EJECUCIÓN DE MARTIN LUTHER KING de Pepper William E.

29) MIKE FOR PRESIDENT-de Michel Moore

30) A HISTORY OF SECRET SOCIETIES de Darul Arkon

INDICE

cibernético-mediática?

www.ingramcontent.com/pod-product-compliance
Lightning Source LLC
Chambersburg PA
CBHW060501290526
45791CB00001B/210